育て上げ
――ワカモノの自立を支援する

工藤　啓

駿河台出版社

装丁・デザイン　石山智博デザイン事務所

2

他者の育て上げ

はじめに

「ＮＰＯ法人〝育て上げ〟ネットの工藤と申します」と言う。すると、「えっ？子育てネットさんですか？」と聞き返されたり、「育ち合いネットの工藤さんですね」と笑顔で対応されたりする。どうも、「育て上げ」ネットという団体名の〝育て上げ〟の部分は言葉として馴染みがないようだ。

僕がいまの仕事をするにあたって、自分のチカラで自分の未来を切り開ける若者にとって、社会の側からの積極的な支援は〝大きなお世話〟である。その一方で、何らかの理由により、社会的な支援を必要とする若者にとってのそれは、よい〝おせっかい〟なのではないかという問題意識があった（英語では Big Help でどちらも包括されるのはとても興味深い）。つまり、独力で〝育ち上がる〟ことができる若者ではなく、社会全体が協力して若者の自立を包括的に〝育て上げていく〟団体や仕組みを作りたいという想いありきのNPO法人「育て上げ」ネット設立である。

こう書いてしまうと、僕自身は〝育ち上がる〟人間だと豪語しているようであるが、実際に自分の「育ち」を振り返ってみると、いかに周囲の大人や環境に〝育て上げ〟られたかに気がつく。自覚しているにせよ、無自覚であるにせよ、多かれ少なかれ、ひとは社会に〝育て上げ〟られているのだろう。

本書は、若者を取り巻く社会に対して批判をすることも、何かを提言することもない。むしろ、二十八歳の若造の短い人生の「振り返り」と、若者支援を生業にしている人間の置かれた環境や状況についての「報告」に近いかもしれない。加えて、執筆や講演など、さまざまな形で発言の機会をいただいたときに伝えている〝ネタ〟の発表にもなっている。

作文（国語）が苦手教科であった僕の文章は明朗明快に仕上がることはないだろう。また、講演などで会場を笑の渦に巻き込んだり、感動の嵐を呼び起こしたりするほどの〝話術〟を持ち合わせていることもないため、本書を読み終えたときに、感動や感激が生まれていることもない。ただ、いま社会で取り沙汰されている「ワカモノの自立」支援については、職員や協力者と一緒に試行錯誤の毎日を繰り返しながら、努力をしている。

ワカモノの自立を支援することに特効薬はない。劇的な変化が瞬時に起こることもない。傍からはどう見えるのかはわからないけれども、支援活動の日常は派手さもなく、地道なものだ。そんな現場の風景の切り取り部分から、少しでもいまの若者の現状を垣間見てもらったり、ワカモノの自立について考えてもらったりできたら、この本を書いた意味があるのではないかと思う。

最後に、文章が下手で、書き進めるのが鈍い僕を粘り強く支えてくれた駿河台出版の石田和男さんに心から御礼を申し上げたい。石田さんに〝育て上げ〟られたひとりの人間として。

工藤　啓

1

僕の育て上げ

夢

僕にとって、夢は寝ているときに見る映像です

小さい頃は、学校の先生や地域の大人から夢を持って生きることがとても大事だと言われていた。

「僕が将来なりたい職業はサラリーマンです」とクラスの授業で答えていた生徒に対し、先生は「もっと大きな夢はないの?」と聞き返されていた。

具体的な職種など知らなくても、サラリーマンになることが夢ではいけなかったのだろうか。それとも、夢について聞かれたら、到底実現不可能な事柄を考えなければならないのだろうか。

幼い子どもには、夢を持つことの大事さを説く社会も、いい歳の人間が実現不可能に近い夢を真剣に語ろうものなら、「夢みたいなことばかり言ってないで、もっとしっかりしなさい」と、夢を持つことそのものを否定する。夢は現実的に届く範囲のものでなければならないかのようである。

例えば、いまの僕が「夢は長者番付で一番になることだ」と言ったら、大抵の人はどのようにリアクションしていいのか困ると思う。しかし、仮に僕の年間所得が数億円あったとしたら、僕が語る夢について、「馬鹿げたことを言っている」と考える人はかなり少なくなるだろう。

なぜ、そのような差異が生じるかと言えば、目の前にいる二十八歳の人間が語ることにリアリティーが感じられるからだろう。話している内容には実現性が感じられるからだ。

日本の多くの労働者はサラリーマンであり、（職業名ではないが）サラリーマンになる確率はかなり高い。つまり、リアリティーがある。それなのに、小学生がそれを夢として語ることは疑問視される。

僕も夢を持っていた。なぜかそれは将来の職業としての夢ではあったが、確かにあった。小学生の頃はプロサッカー選手になることだった。ただ、日本にはJリーグもなかったし、世界のサッカー選手といったって、テレビのコマーシャルに登場していたアルゼンチンの選手である、ディエゴ・マラドーナくらいしか知らなかった。

ただ、サッカーが上手くなって、それをずっと続けていられるためには、詳しい事はわからないけれども、プロである必要があることくらいは理解していたのかもしれない。

中学生にあがると、さすがにプロサッカー選手などとは微塵も思わなくなる。現実的ではない。東京の片隅の市立中学校の部員の中に、自分よりもうまい友人が何人もいれば、諦めるとか、諦めない以前に、〝そうなれる確率はかなり低い〟くらいはわかる。

プロサッカー選手を諦めた中学時代には将来は内閣総理大臣になりたいと思っていた。プロサッカー選手は無理でも、総理大臣にはなれそうな気がしていたのかもしれない。おそらく、総理大臣という存在そのものが、リアルでなかったからだろう。身近に政治家という職業に就いている大人がいたら、そんなことは考えなかったかもしれない。その時点では、プロサッカー選手になるよりも、総理大臣になれる確率はかなり高かった。僕の中では。

一年間の浪人を経て、大学生になった。マスコミュニケーションについて学ぶ学科だった。進路決定にあたり、新聞記者になりたいと思っていたからだ。中学生の頃と比べれば、就ける確率は格段に上昇していたかもしれない。その時点では、既に将来の職業と夢はリンクしていなかったように思う。かといって、真剣に考えた末に育まれた希望職種だったとも思えないのだが。

周囲が大学の三回生になるとき渡米した。大学一年の夏に、自分の（職業だけではない）将来を始めて真剣に考える機会があった。米国に旅行した折、そこで生活している台湾人のグループと長くかかわることになった。彼らが住む家に長く宿泊させてもらったためだ。とは言え、相手も休みのため、昼夜逆転に近い、ダラダラした生活を享受した。

昼過ぎに起床し、朝まで遊びまわった。アルコールも体に入れた。それでも、明け方になると、（僕の）片言の英語と漢字を使い、日台の歴史や政治から流行のドラマまで語り合った。あるとき、こんな会話になった。

「なんで、米国で勉強しているのか」と僕が質問する。アメリカンドリームを求めて、つまり、大金持ちになるとか、帰国後に大企業へ就職するため、といった回答を予期していた。しかし、予想は大きく裏切られ、「夢的」な話とは間逆の方向に話が進む。

「中国と台湾は難しい関係にある。中国と台湾が戦争を起こす確率はゼロではない。戦争以外にもさまざまなリスクを抱えながらバランスをとっている。俺達の国は日本と同じように資源に乏しい。他国に依存しなければならないため、常にリスクが高い状況にある。自分がここで学位を取得し、税金を納めれば、市民権（グリーンカード）を取得できる。そうなれば、俺達の国に何かが起こったとき、家族を台湾の外へ非難させることが可能になる。そのために米国に来ている。そのためには、必要以上にやりたい仕事に固執することはないんだよ。」

ショックだった。文化だって欧米と比べれば近い国の同年代の若者には、夢よりも先に見るべき将来、未来があった。彼らはストイックなまでに〝現実的〟だった。比較的恵まれた——留学できるくらいだから——家庭に育ち、短い期間であるけれども、自分近い価値観を持っていると理解していた僕にとって、語るべきは夢ではなく、目の前にある現実とどう対峙していくかといいう、具体的な道筋であることを強く実感させられた出来事となった。

以来、僕は夢というものを「寝ているときに見る映像」と位置づけ、絶えず、リアリティーを追うことに心がけている。そして、夢について尋ねられると、「僕の目標は……」「この事業の目的は……」という具合に話し始めるようになった。

もちろん、ある一定年齢の子どもに対して、夢とは寝ているときに見るもので、起きているときは現実を見るべきだなどと言うことはない。夢の定義は個人の価値観に依るからだ。しかし、個人の価値観を無視してまで、若い（幼い）者には夢を持て。一定の年齢に達すると、目の前の現実を見なければならない、というのはいかがなものかとは思う。

はたらく

僕にとって、はたらくとは自分を楽にするツールです

二〇〇四年五月十三日、僕は設立した任意団体「育て上げ」ネットをNPO（特定非営利活動）法人化した。「育て上げ」ネットという法人の目的は、若者の社会参加と経済的自立を支援することで、昨今ではニート（NEET）と定義される状況にいる若者が多く、支援プログラムを利用している。

僕は企業で働いた経験がない。日本の大学を二年で辞め、米国の大学を卒業することなく帰国している。そして、先ほどの任意団体を設立するためだ。事務所は自宅近くであり、自分の家みたいなものだ。来客や外出がない日は、夏であれば、帽子にTシャツ、ズボン（主にジャージ）、サンダルといった格好で、原チャ（五十ｃｃ）を使って通勤している。

職員も一人を除いて、それぞれ好きな格好をしている。作業着的なものも一通り揃えてあるので、必要があればそれに着替えれば事足りる。

（普通という言葉は好きではないがあえて使う）普通、高校や専門学校、短大や大学を卒業したら、就職したり、アルバイトをしたりする。職業訓練や資格取得のための学校を含め、学びの場を後にした人間の多くは、労働する。純粋に生活費を稼ぐためでも、車を買うためでも、貯金の残高を増やすためでもいい。大抵は働くようになる。

でも、働かなければならないと思っていながらも、それができない若者もいるのだ。自信を失っていたり、他人と関わることが不得意であったり、働き方（やりたい仕事）を真面目に考え過ぎて立ち止まってしまったり、その理由はさまざまだが、働く意欲があっても、うまく働き続けられない若者がいる。そのような若者を支援するのが僕の団体である。

おそらく、これまでの二十八年間の人生の中で、「働くとは何か」について聞かれ、考えたのは二十七歳が初体験だったと思う。なぜ、働くのか、とか、働くとは僕にとってどのような意味を持つのかなど、考えもしなかった。大半がそうではないだろうか。もしかしたら、そのように物事を深く考えることがない、お気楽な性格だったから、いまも働けているのかもしれない。

任意団体であったとしても、〝とりあえず〟、僕は起業したことになるらしい。「起業をするぞ！」と思って設立した団体でもなかったので、決意したという感じはないのだが、とにかく起業をした。当然、団体としてやっていくための経営的なことを全く考えなかったわけではないし、設立に当たって想うこともたくさんあった。でも、自分自身で背中を押せたのは、毎日、スーツを着て、満員電車に乗って、という生活は合わないかもしれない、というより、嫌だという思いだった。本当に単純思考だと反省する必要があるくらいだ。

働けずに苦しんでいる若者とたくさん話をするが、「工藤さんはご自分で起業されて凄いですね」と言われることが多い。しかし、先の起業に至る思考プロセス、会社通いは嫌だから起業する、を正直に伝えると、半信半疑の目ではあるが、驚かれる。というより、落胆される。〝そんな馬鹿げた理由か〟と。

「育て上げ」ネットの支援プログラム（正式名称：若年者就労基礎訓練プログラム　通称：ジョブトレ）を利用する若者は、働くことに一歩が踏み出せなかったり、きっかけを求めていたり、何か不安を抱えている。大半は、三ヶ月から一年くらいで経済的に自立していく。

お気楽な性格の僕にとって、働けない状況を心の底から理解することはできない。だから、利用者には百%あなたの心境を理解できないことは、必要があれば正直に伝えるようにしている。わかっている振りをしても、すぐにばれてしまうだろう。うまく理解できないから、働けていることがどのようなことかを聞かれても、イマイチよくわからないし、言語化するのは難しい。だから、参考意見として、プログラム卒業者に聞いてみることにした。働けない状況を経験し、なおかつ、現在は働き続けているのだから、その差異がわかるのではないかと思ったからだ。

話を聞いた卒業生は、県内有数の進学校に進学も、これといった目的や楽しみを高校生活に見出せず（本人は受験で燃え尽きたと話す）、高校一年の六月から学校へ行かなくなる。その後、数日間は保健室への登校を試みるも、クラスメイトの目が気になり、高校二年進級時に退学する。その年は、二、三のアルバイトに取り組むも、それぞれ初日で辞めてしまう。どの職場でも、なぜ高校を辞めたのか、高卒資格くらいは持っておいたほうがいいなど、十七歳で高校を辞めてしまった自分は奇異な存在であると思い、社会にかかわらない生活を七年程続けていた。現在は、都内に本社を置く派遣会社の登録社員としてフルタイムで働いている。

僕：「働けない状況って、どのような感じだったの？」

卒：「働かなければならないことはわかっているのだけど、就活にせよ、アルバイトの面接にせよ、どうせうまくいかないだろうと思い込み、それを理由に何もできない自分を正当化せざるを得なかった。」

僕：「働いていないからこそシンドイことってあった？」

卒：「たくさんある。親兄弟、親族からのプレッシャー。近所の目。昼間からいい年の人間がプラプラしていたら、変に思うだろうし。お店の会員になるときに埋められない職業欄と立ち向かうこと。夕食を家族ととっているときに、テレビでフリーター問題とかやっているとその場にいることがいたたまれなくなる。気合や根性で窮地を乗り切って、いまは大企業の社長とかになっているような、英雄的ストーリーの番組はかなりつらい。」

僕：「働き始めてから心境に変化はあった？」

卒：「まず、間違いなく働くこと自体はきつかったり、つらかったりすることの方が多いということはある。朝だって起きるのは大変だし。」

卒業生との話はこれ以上進展することはなかった。そこからわかったことは、学校に通っていない若者で、一定の年齢である場合、働いていない状況に対する社会の目はかなり厳しいということ。つまり、学生でないなら働いている（べき）という価値観により、働くことは楽しいことばかりではないが、働いていない状況こそ、つらいということがわかる。おそらく、社会的に孤立もしやすいだろう。

この話を受けて、僕は再び考える。自分にとって「はたらく」とはどういうことなのか。単純に考えれば、生活費を稼ぐ手段という位置づけになる。これは紛れもない事実だ。貨幣経済の中では、金銭を持たずに生きていくことは難しい。一定の自給自足は不可能でないが、各種光熱費や住民税、国民健康保険料は現物では支払えない。つまり、キャッシュ（現金）が絶対的に必要なのだ。

フリーランスで活躍している方の名刺の大半は、個人の名前と自宅（個人事務所）が記してある。それを受け取っても僕は何も思わないが、フリーランスの方々が言うには、一見《いちげん》さんとして信用されることは少ないと聞く。だから、自分が書いた本や、原稿掲載された雑誌、メディア媒体で評価された創作物の記事などを見せることも必要らしい。

任意団体の頃にも名刺は持っていたが、数回、法人格を問われたことがある。また、ビデオショップの会員になろうとして、申込書の職業欄に団体名を書いたが、いぶかしがられたこともある。無職と書いたらよかったのだろうか。

いまは法人職員として名刺を出すことができる。名刺には特定非営利活動法人「育て上げ」ネット理事長とある。特定非営利活動法人（NPO法人）という通称が多少は広がったからか、職業欄にそれを書いたからといって、相手からどうこう言われることは少なくなった。しかし、業界や分野の違う有限会社や株式会社で働く方々には、法人格の説明から団体の活動までを細かく説明しなければ受け入れてもらえないことがあるし、クレジットカードの申し込みをして、審査を通らないこともある。家を借りるのにも、法人としての活動や財務状況を、給与所得以外に付け加えないとスムーズに話が進まないことが多い。

おそらく、それでも働けない状況で苦しむ人に比べて、社会的には楽な状況にあると思う。働くことは楽しいことばかりではないし、時にはもう仕事をしたくないって思うこともあるかもしれないけど、それでも働いている方が、そうでないよりは楽だ。道端で出会った人と名刺交換もできるし、学生時代の友人に、「いま、何をしているの？」と聞かれても、普通に答えることができる。

卒業生の話を参考に、実感ベースで考えると、僕にとって働くことは、日本社会で生きていくために必要なキャッシュを稼ぐこと以上の意味を持っている。働くことの中にはシンドイことも多いけれども、社会の一員として生活しやすい環境をもたらしてくれるものなのである。もちろん、お金があって、働いていなくても社会とかかわり、ひととつながって生きている人もたくさんいると思うけど、二十八歳でそのようにお金の心配もせず、社会の一員として生活できる環境にいる人は少ないだろうし、「僕は二十八歳で、特にお金の心配をしていませんので、○○をしたり、▲▲の活動をして生活をしたりしています」と言ったところで、それを素直に受け止められるほど、社会の側にキャパシティーがあるとは思えない。いい年齢をして働きもしない人、という称号を受けるくらいだろう。

生きていくならできるだけ楽な方がいい。だから、僕は働く。働くことは、自分を楽にしてくれるツールなのだ。働かなくてもいい状況になったとしても、きっと働くことを選択するだろう。試験で「はたらく」の漢字を書くとき、「働楽」も正解にならないだろうか。

職場

僕にとって、職場は仕事場であり、遊び場です

普通、職場は仕事をする場所であり、私物を持ち込んだり、そこをプライベートな理由で使うことは難しいと思う。職場の会議室が空いているからといって、高校時代の友人と映画が始まるまでそこで暇つぶしなどはしないだろう。

僕は、仕事と遊び、仕事とプライベートをわけることが苦手だ。仕事をしているときには仕事

に、遊んでいるときには遊びに意識を集中させることなど、僕の性格的なもの以上に、難しい時代でもある。携帯電話は、メールも含めて二十四時間体制だし、友人と呑み屋に行けば、仕事の話に触れないことの方が少ない。仕事の時間だから、仕事のアイディアが浮かぶということもない。遊んでいるときに、ふと、仕事のアイディアが浮かぶことだってある。つまり、僕はＯｎとＯｆｆをわけることができないし、わけようとするとどこかで〝意識的に〟仕事と遊びを分断しなければならないから、ストレスになってしまう。であるなら、ＯｎとＯｆｆをわけること自体を考えないのが一番手っ取り早いことになるのだ。

だから、職場も仕事に特化した「場」にはしなかった。しなかったというより、そうならなかった。テレビもあれば、ゲームもある。シャワーもあるし、漫画だってある。炊飯器も冷蔵庫もあるし、着替えも歯ブラシセットも置いてある。自分が持つ遊び道具の半分くらいが職場にあり、自宅から職場に私物を取りに来ることもよくある。自宅にいることが少ないので、オンラインショッピングの郵送先は職場だ。

地元の友人との待ち合わせに職場を使うこともあれば、海外の友人が遊びに来たときも、職場で遊んでいてもらうこともある。休憩時間に、職員とテレビゲームをすることもあれば、漫画を読みながら、コーヒー飲んでいることもある。漫画を読みながら、「クックククック」、密かに笑っている（周囲に迷惑をかけないための配慮だ）姿は怪しいかもしれない。

職場が仕事の場であり、遊びの場であるから、来客などがない場合は、既に書いたように、まるで自宅の自室にいるかのような服装で出社する。始業前に出社し、昨日、自宅で作り過ぎてしまったカレーを食べることもある。新聞を読みながら。職場でできないことは、朝自宅で済まさなければならない、ということがないのは気持ちのゆとりにつながりやすい。つまり、仕事もプライベートも含めて、とても生活しやすいのである。

もちろん、職場にＯｎとＯｆｆが入り混じっていることによるデメリットもある。休憩が長くなりがちだったり、自分の仕事に没頭するためには、周囲もそうでないと集中できない気質の人には、仕事しづらい環境かもしれない。

ビシッとスーツを着て、テレビに映るエリートビジネスマンに憧れる人には、この職場で仕事をすることそのことにストレスを感じる可能性がある。保護者が職場見学に来ることが、仮にあったとしたら、僕の職場よりは、新宿や六本木ヒルズのきれいなオフィスを案内する方が、親孝行になるかもしれない。

仮に大多数の人々がそうであったとしても、職場への価値観はやはり個別的だろう。誰もが大都会のオフィスワークに憧れるわけでもないし、適応可能なわけでもない。だったら、僕が仕事をしているような職場も存在した方がいい。ＯｎとＯｆｆが曖昧な職場も存在し得ることはとても意味あることだと思う。

また、いまはきれいな職場がよくても、それも六十歳や七十歳まで仕事を続ける間に、職場への価値観が変わるかもしれない。そのとき、僕の職場が選択肢の一つにあったら、幾許《いくばく》かの人に勇気と希望を与えることができるかもしれない。そう考えると、是が非でもこの職場を維持していかなければならないと、自己満足的な使命感すら持ってしまうのである。

（職員がいまの職場の雰囲気を評価してくれているとして）僕は、職員同士が友達でなくてもいいので、家族的な雰囲気を持つことができるような職場を作っていこうと思う。

結婚をして配偶者ができる、子どもが生まれるとなれば、家族を大事にしたほうがよい。でも、仕事は仕事としてあるわけで、そこら辺のジレンマを職場で解決できる方法はないかと考えている。

例えば、乳幼児だろうが、小学生だろうが、職場に子どもをいくらでも滞在させていいことにする。家族水入らずの旅行も、行き先が同じであれば、移動手段だけは一緒で費用を安く済ますなど、相互扶助的な関係で、仕事と家庭を職場で両立させられないだろうか。いまは、仕事と遊びが共存する職場であるが、いつかは家庭も加わることができれば最高である。

もちろん、それをすべての人に強制することがないよう配慮は必要だ。みんなが行くから一緒でなければ気まずいとか、終業時刻の十七時を過ぎたにもかかわらず、帰宅しづらいようなツマラナイ職場なら、僕は三日以内に潰してしまうかもしれない。

僕の職場を良く知る友人からは、こんな褒め言葉とも、批判ともとれる感想をもらった。

友人：「お前の職場はとてもアットホームだ。職場に来たのか、お前の自宅に遊びに来たのかよくわからなくなる。インターネットも使え、自動販売機もあり、漫画もあり、ゲームまである。漫画喫茶と変わらないけれども、遊びに来るとちゃんと仕事をしている職員がいて、しかも、俺みたいな外部者がいることが、当たり前であるかのように仕事に集中している。これで業務がうまくいっているのは不思議だけれども、これでないとお前の分野の業務はうまく行かないのではないかとも思う。子どもができたら、こういう職場はありがたいかもしれないな。特に共働きだったりすれば、第二の自宅として子どもを面倒みつつ、仕事ができそうだ。子どもが遊びまわって、備品を傷付けたり、壊してしまっても大丈夫そうだしな。将来的にはお前の職場のようなところで働きたいが、現時点では、いまの職場のように他企業としのぎを削りつつ、社内の同僚同士がライバルで、競争意識の高い方が、毎日がエキサイティングでいいな。」

友人は同じ二十代後半であり、激しい企業間の戦いの中で仕事をしている。いきなり会社から首を切られることも珍しくないらしい。成果を出せば大きな報酬、出せなければ会社にいることもできない。三ヶ月ごとに評価が下るものだから、息を抜く暇もないという。そのような毎日が楽しくてしょうがないらしい。一言だけ付け加えるが備品を壊されるのは困る。

実は、米国に留学していた時代には、この友人のような環境で働きたい、自分を試したいと思っていた。成果がそのまま対価として跳ね返る、自己決定・自己責任の世界で、自分は生き残っていけるだけの人間であるのかを知りたかった。そのような職場環境への憧れは今も心の片隅に残っているのも事実だ。

もし、僕が望むなら、その世界でチャレンジできる環境が与えられるとしたらどうするか。おそらく、いまの職場を選択するだろう。ほぼ百%の確率で。なぜなら、このような職場のスタイルで、仕事を継続していけるのかどうか。それが自分次第なんて、それこそスリリングではないだろうか。

これまであった環境をより厳しいものにしていくことは、比較的容易なことである。労働時間を延長したり、休日を減らしたり、仕事のクオリティーをあげたりしながら、自分の能力を最大限まで高める努力をすることは簡単だ。しかし、その環境に適応できるかどうかは疑問である。

逆に、これまでにない環境を新しく〝創り出す〟のは、前例がないだけに難しい。モデルがない、または、海外という異なる文化風土にしかないとなると、すべてが暗中模索の手探りとなる。その上で、その環境が社会的に認知、評価されなければ、ただの自己満足のまま未来は閉じていく。

僕が望む、「Ｏｎ－Ｏｆｆ」一体型の職場は社会に受け入れられつつ、安定して前進し続けられるだろうか。どのようにしていけば、それが実現可能となるのか。僕の職場は、仕事の場でもあり、遊びの場でもある、いわば、自らの生活空間の一部である。そして、より楽しく、より充実した生活を送るためには、職場を切り離すことなく、一体で考えていかなければならない。二十四時間仕事であり、二十四時間遊びである生活は、僕にとっては中毒になりそうなくらい魅力的な、エキサイティングな職場なのだ。

学生時代

僕にとって、学生時代とは一生懸命遊んだ時期です

高校卒業後の進路を選択するまで、自分が進むべき道について誰かに相談したことはほとんどなかった。むしろ、誰かに相談（的なもの）をするときには、既に自分の中で選択が終了していて、それについての〝参考意見〟を求めるような感覚だ。

僕の選択した進路について、両親が口を出すことはなかった。信頼していたとか、放っておい

たというよりも、僕の選択を尊重してくれていたのだと思う。だから、反対意見や異なる提案を受けることもなく、なぜとか、どうしてといったことすら聞かれた記憶がない。

「高校を卒業したら働こうと思っている。いまの自分なら、大学なんかに行って無駄な時間を過ごすより、一刻も早く社会で活躍した方がいいと思う」と、今思えば何とも身の程知らずで、傲慢な意見を持っていた。ただ、実際には毎日の部活動でアルバイトすらしたことのない〝ガキ〟の狂想だったのだと思う。部活の先輩やOB、現役の大学生と話をしていても、自分の方が、絶対的に知識量があり、ビジョンにしてもより広い視野を持っていたと疑うことはなかった。大学生なんかになることで、学費から時間の浪費まで、人生を無駄にする必要はないと信じていた。

僕が決めたことに対して、父親から意見をもらったのは高校三年生になってすぐの頃だ。家族で夕食をとっているとき、何らかの弾みで卒業後の進路にふれたときだった。僕なら早く社会に出たほうがいいだろう、といったようなことを言ったと思う。普通なら、「それがお前の決めたことならそれでいい」となるのがいつものパターンだったのだが、そのときだけは違ったのだ。

「勉強しなくてもいいから大学へ行け。そして、四年間遊んでこい。」

大学進学を勧められ、驚いたのは勉強をしなくていいことでもなく、四年という長い時間を遊んで過ごせということでもない。僕の決定に父親から意見、横槍、提言、示唆（どれでもいいのだけれど）があったことだ。面を食らいつつも、無根拠な自信を持っていたものだから、こちらも少々感情的になりつつ会話は続く。

僕：「大学など行かなくても、十分社会で通用するから大丈夫。心配無用だ。」

父親：「別にそんなことを心配しているわけではない。働くことはいつでもできる。勉強しろと言っているわけでも、社会経験を積めと言っているわけでもない。ただ、学生という身分を持ちつつ、その四年間遊ぶことが大事なんだ。」

僕：「大学生なんて遊んでいるだけで、卒業する頃にはダメになっているくらいじゃないか。それならば、さっさと社会へ出て、一歩でも、二歩でも先にいっておく方がいい。」

父親：「それは違う。大学生の遊びにはいくつも種類がある。まあ、とにかく大学へ行って遊べ。どうしても働きたいのであれば、中途退学をして働けばいい。」

結局、現役のときに受かった大学へは行かず、一年浪人をして大学生となる。僕は小学校三年生からサッカーをしていたのだが、中学と高校は三百六十五日とは言わないけれども、ほとんど毎日部活動があった。サッカーが好きだったし、練習が嫌いでもなかった。実際の実力を客観的に考えれば、分不相応ではあったと思うが。東京の地区選抜に選ばれるくらいだった。

大学初日の新入生説明会後、プラカードを掲げ、僕の名前を叫ぶひとがいたので何かと思ったら、サッカー部からの勧誘だった。おごりというので昼食をご馳走になったのだが、おまけとして練習への体験参加を促された。

大学に入っても部活をするくらいだから、ほとんどのひとが僕よりサッカーがうまかった。大学で〝遊ぶ〟ための最初の改革は部活をしないことだと決めていたので、形式的には練習へ参加したが、翌日には入部しない旨を伝えた。

出欠確認が厳しい必修と語学のクラスはちゃんと通ったが、それ以外は、クラスにしっかり出て、きっちりノートをとる友人の助けを借りて、単位だけはそれなりに取得した。学校に行かない時間の大半はバイトに費やした。常時五つくらいのバイトを掛け持ちし、昼夜問わず働いた。時給の最低ラインを千円に設定し、月額で手取り二十万円を切ることはなかった。別にお金が必要だから根を詰めてバイトにいそしんでいたのではなく、職場が楽しかったのだ。働くことが好きだった。そこでは大人の社会を感じられる瞬間もあった。評価されることが嬉しかった。昇給という数字的なものと、任される、信頼される実感が心地よかったから、とにかく働いたのだ。

ただ、働き過ぎと睡眠不足で、目の毛細血管に異常が発生し、涙かと思って目をこすったら血だったことがある。働き過ぎは体に悪いことも覚えた。煙草やアルコールに抵抗はなかったが、付き合いの幅が同世代だけではなく、異世代（特に年上世代）に広がるにつれ、その量は増えていった。

父親の言う〝遊び〟が何を意味しているのかは、そのときもわからなかったが、パチンコやスロットにもはまったし、海外への一人旅もした。パソコンも買った。メールやチャットを活用し、一日中、画面に向かってキーボードを叩いていたこともある。オフ会(ネットを通じて知り合った人間同士が実際に出会うこと)を企画して、全国から四十名近くを集めたこともある。しかし、あまりにネットにはまってしまったため、一月の電話料金が八万円を超えてしまったこともあった。リーズナブルな金額で、常時ネット接続し放題の時代が到来するまでそれから数年を要した。

言及するのを忘れていたが、車の免許は入学してすぐに取得した。そのときから、僕の行動範囲がこれまでの何十倍も広がった。それにも関わらず、行動範囲は東京都内と成田空港から海外に出るという、かなり極端なものであった。当時は国内旅行に大きな関心が向かなかったのだ。今になって振り返ると、そこまで日本というものを知ることも、意識する必要性もなかったからだと思う。

大学に入学してから二年が経ち、僕は学校を辞め、米国に留学することを決意する。毎日が楽しかったけれども、学校、アルバイト、呑み会、旅行など、同じような楽しさが無限に繰り返されているようなことに危機感を抱いたからだ。入学当時から、「このままでは、自分はダメになってしまうのではないだろうか」と不安に苛まれつつも、「まあ、今日くらいはいいかな」と、楽しく毎日を過ごしていた。

転機は二十歳の夏、米国のシアトルを訪れたときだ。前述した台湾人留学生グループとの出会いが、僕が漠然と抱えていた危機感を、リアルな実感に変換せしめたのだ。現地でのつながりを介して知り合った彼らは、傍から見ても遊んでいた。学校が休みだった時期のため、勉強をしていたかどうかは定かではないが、それこそ日本で僕がしていた生活を送っていた。比較的裕福だったからか、アルバイトこそしないが、毎日外で好きなことを好きなだけしていた。

昼過ぎに起床、明け方就寝と絵に描いたような昼夜逆転の生活であったが、片言の英語と筆記した漢字を利用してさまざまな話をした。異性のこと、学校のことに加え、流行のアイドルから環境問題まで、話題は幅広かった。時間だけは売るほどあったので、眠くなるまで、時間をかけて話をすることができた。

年齢が一つ上のビー（イングリッシュネーム）と二人で話をしていたとき、僕は国を離れて暮らす彼に質問をした。それは筆談を交えた不完全なコミュニケーションだったかもしれないけれども、いまも鮮明に覚えているやり取りだ。僕の人生を少し変えるきっかけとなったやり取りなのだ。

僕：「なぜ、米国に留学をしているの？　何か将来、就きたい仕事があるの？」
ビー：「いや、特に就きたい仕事があるということはない。」
僕：「それでも、自国から離れて暮らしているのだから、何か目標とかあるでしょう。例えば、一攫千金のアメリカン・ドリームとか。」
ビー：「アメリカン・ドリームか。それはあくまでも夢だろう。夢は寝ているときに見るものさ。起きているときは絶えず現実を考えないと。」
僕：「じゃあ、何で米国にいるのさ？」

正直、僕はビーからの回答は「英語が話せるようになりたい」とか、「母国に戻って、有名な外資系企業に就職するため」とかいうものかと予想していた。見事に裏切られるわけではあるが。

ビー：「中国と台湾の関係は知っているだろう。かなり不安定な状況にあるんだ。」
僕：「それは知っている。」
ビー：「可能性としてだけど、中国と台湾が戦うことだって考えられるんだ。」

僕：「そうか。米国にいれば、中国が仮に台湾に攻め込んできたとしても、君はそれを逃れることができるということか。」

ビー：「それは違うよ。いつ起こるのかわからない出来事を避けるために、ずっと学生でいることを選択するほど、俺はバカじゃない。一体、親にいくら出してもらえばいいっていうんだい。」

僕：「わかった。なら、そろそろ留学をしている理由を教えてくれよ。」

ビー：「いま話したように、中国と台湾はとても難しい関係だ。戦争のリスクはもちろんある。それだけでなく、台湾は日本と同じような小国で、資源に乏しい。つまり、国際社会の動向に左右されやすい、いつもリスクが高い状況にあるということだ。」

僕：「ここまでは理解した。それで？」

ビー：「さっき、希望の職業みたいな話をしただろう。米国で仕事を得て、数年したら（実際にはさまざまな制約がある）グリーンカード、つまり、市民権がもらえるんだ。」

僕：「米国の市民になりたいの？」

ビー：「米国人の一員として生きたいというわけではないよ。ただ、もしものことだけれども、中国が攻め込んできたとき、俺がグリーンカードを持っていたら、台湾にいる家族をその前か後に、米国に避難させやすいんだ。米国にとっては、市民の家族なのだから、守るべき義務もあるだろう。」

僕：「さすがに、現段階では中国が米国まで攻め込むとは想像もできないしね。」

ビー：「そう、つまり、俺の目標はこっちでグリーンカードを取得すること。そのためには英語も話せるほうがいいし、学校の成績も良いにこしたことがないんだ。だから、こっちで勉強するわけさ。仕事の話に戻るけど、グリーンカードの取得が最終目標なんだから、それに近づくことができる仕事であれば、特にこだわりはないんだよ。もっと大事な、自分と家族の命にかかわることがあるから、米国で学ぶことを選択したのさ。」

誰が信じられるだろうか。ひとつしか年齢の変わらない彼らは、傍から見れば僕と同じように、学生をしながら、遊びながら生活しているように見えるかもしれない。しかし、そこには国際関係の中で生き残る、家族を守るという壮大なスケールの話を内に抱えて、物事を選択、決定しているのだ。

不十分な英語と筆談ではあったけれども、これほど〝ヒリヒリ〟するような話題を真剣に話せる人間との出会いは、日本では少なかった。というより、〝たまたま〟僕はこのようなことを考えている日本人と出会うことがなかっただけかもしれない。また、ビーを含むこの台湾人グループが特別な集団だったのかもしれない。とにかく、当時の時点で、僕は僕が求めているものが何かを見つけることができた気がした。

誰が何と言おうと、僕は米国に行き、この台湾人グループと暮らす

日本の大学を二年で中途退学したといっても、留学をすれば学生時代は継続される。しかし、父親が僕に（半ば強制的に）与えた〝遊び〟の学生時代は、このときをもって終了した。その遊びの時間を使い、僕は自分の「やりたいこと」ではなく、「やるべきこと」を発見したからだ。この「やるべきこと」は、僕の内なる感情であり、百％主観だ。他者から見たら、なぜ、それが僕にとってやるべきことなのかわからないだろうし、説得力は限りなくゼロに近い。しかし、それでいいのだと思う。やりたいこととか、やれることを探したり、見つけたりするのは遠い未来に考えればよくて、学生時代には「やるべきこと」に辿り着くまで遊び続けることが大事なのだ。

これから何十年も続く、先の長い将来を考えても、どうせ答えは出ないし、出たとしてもそれは自己満足的な回答でしかないだろう。また、この時期に自分ができることを突き詰めて考えてみても、将来、未来への可能性が閉じたことに絶望するだけである。そのようなことに（無限に

感じる）大切な時間を費やす必要はない。とにかく、一生懸命に遊ぶことだ。自らの興味と関心に忠実に遊び続ける。そうすれば、どこかで自分が「やるべき何か」に辿り着く。他者にその理由を説明する必要はない。自分が思った通り、行動すればいい。学生時代は遊ぶための時間なのだ。

異文化

僕にとって、異文化は〝えーいままよ〟と受け入れてみるものです

米国留学時の僕の英語力はと言えば、スーパーで買い物をして、レジで聞かれる「紙袋とプラスチック袋のどっちがいい?」をまともに聞き取れなかったくらい、本当にひどかった。大学受験のために英語を勉強（単語の暗記と文法理解）したので、読み書きは多少できたものの、相手の話を理解するとか、自分の考えを相手に伝えるといった英語力は皆無に等しかったのだ。本来

であれば、語学コースで英語の基礎訓練をしておくべきだったのかもしれないが、一般の米国人が普通にいる学部生コースから始めることとした。

専門はビジネスコースの会計学を選択した。会計学であれば、数学や統計学のような数字と計算を中心とするクラスが多いため、英語を話すことが比較的少ないのではないかと安易に考えたのだ。実際にとても安易であった…。

ビジネスコースは、グループでのディスカッションやワーク・プレゼンテーションばかりであった。計算して、答えがあっていれば成績も何とかなるだろうと思っていたのだが、現実はそれほど甘くなかった。英語で交わされる会話についていくのもままならず、言いたいこと、主張したいことを頭で構築する以前に、目の前で何が話されているのかがわからないのだから、グループの一員としてみなされようがないのだ。

さらに、グループのメンバーは東南アジア系の男性、年配の白人女性、同世代の黒人男性、中学校から飛び級してきた男性（男の子）のように、年齢も、国籍も、肌の色も、家庭背景も、文化も、価値観も異なる人間によって構成されているといった始末だ。米国生まれ、米国育ちの英語が聞き取れるようになったとしても、各国からの留学生が話す〝クセ〟のある英語の理解は保障されないのだ。

アラブ圏の英語は「巻き舌」、欧州圏からは本格的な英語（イギリス語）、日本人英語は抑揚がなく、「L」と「R」が識別困難であり、韓国人の英語は「P」の発音が「F」に聞こえる。

グループメンバーの日常会話ですら聞き取ることが困難な僕にとって、グループワークは苦しさ以外、なにものでもなかった。できることなら、毎日、テストがあればどれくらい学校が楽しかっただろう。なぜなら、テスト用紙に向かって問題を解いていれば、英語で他者と話をしなくてもいいのだから。ただどんなに願ってみても、結局、グループワークは避けられなかった。

大抵、グループは自然発生的に形成される。席が近い同士であったり、グループ①はアジア人中心、グループ②は白人中心であったりすることもある。日本からの留学生で固まるグループもある。ただ、マイノリティーだからとか、英語がうまく話せないからグループ②へ入ることすらできない、ということは経験したことはない。留学した地域によるのかもしれないが、差別的にグループに入れてもらえないなどということもなかった。

傍から見ると、クラス内の生徒はどこかしらのグループに所属している状況となる。差別的に排除されるようなこともない。しかし、授業が進むにつれ、グループワークの頻度が増すにつれ、各グループ内では無意識の役割分担が自然発生的に起こる。

「あなたは話すのがうまいから○○、彼はまとめるのがうまいので△△、私はフィールドのリサーチを担当するので、皆でがんばりましょう」と、和を持って尊しと成すようなことはない。それ程、やさしい社会ではないのだ。グループワークも、（教師によるが）成績を決める大きな要素である。それも、グループ全体としてのパフォーマンスもあるが、個人の貢献度が意外と重要視される。貢献度はメンバーの評価と教師の評価により点数化され、成績に直接影響を与える。がり勉だけでは、良い成績が出ないようになっているのだ。

当然、そういうことは皆知っているのだから、グループに貢献できない者に対しては必然的に厳しい。できもしないのに、〝情け〟で役割を与えて、グループのパフォーマンスを落とすようなことはない。総合力が落ちるくらいなら、何もしないでいてくれということだ。つまり、僕のような読み書きもたいしたレベルでなく、満足に議論にすら参加できない人間をチームに抱え、役割を担わせるということは、グループのリスクを高めるということになる。

グループのメンバーとして名前が登録されているものの、役割がなければ存在すら認められていないのと同じようなものだ。それはまずいと、焦って何かをしようとすると、全体の議論のポイントとずれたことを話していたり、語彙力不足でうまくつたわらなかったりして、空回りが加速してく。いわゆる、悪循環に陥ってしまう。ただ、この現状を維持してゆくと、成績の低下に加え、落第に至る危険性もある。（後々、知ることになるのだが）留学生にとっての落第は、たったひとクラスだけだったとしても、希望する進学進路がそれだけで閉ざされてしまうということになりかねないのだ。

進学を目指していた僕には、英語力が向上するのを甘んじて待つような時間はなかった。特に仲がよいわけでもない、僕よりも数年先に渡米してきた日本人の知人が楽観的に語る「三ヶ月もすれば何とかなるから、大丈夫、心配しなくていいよ」という言葉がとても虚しく響くのだ。この初めての三ヶ月で、目標の進路が完全に塞がってしまう人間にとっては、仮に三ヵ月後に英語が母国語並みになる、と言われたところで慰めにすらならないのだ。もっと現実的に、僕でもできる、神がかり的な打開策が必要だった。

台湾人の両親を持つ、米国育ちのジャクソン・フー（Jackson Hu）は、カリフォルニア州からワシントン州へ家族とともに引っ越してきた。八歳の頃に渡米し、英語がまったくわからない状況で普通の小学校へ転入した。

ジャクソンは笑いながら、「当時はいつもからかわれていたよ」と話す。ジャクソンの母であるアイビーから聞いた話では、実情は本当に悲惨なものだったらしいのだが、ジャクソン本人が詳細を語らないため、両親ですらどのような状況だったのか、細かいことはわからないという。

英語を母国語としない人間が、米国でうまくやっていくことの難しさをジャクソンは知っていた。そして、そのような人間がどうすればいいのか、どうしたら〝生き残れる〟のかを熟知していた。僕とジャクソンは別のグループ同士だったのだが、英語力不足により当惑する僕の姿を見て、昔の自分を思い出したという。

夏真っ盛りの八月のクラスだった。授業が終わり、僕がいつものように教室近くの喫煙所に向かおうとするとき、ジャクソンは声をかけてきた。僕が日本人であることは、僕の発音からわかったという。

「お前は『L』と『R』の発音に区別がないからすぐわかった」と言う。お互い簡単に挨拶を交わし、煙草を一服すると、ジャクソンが質問をしてきた。

ジャクソン：「英語、苦手だろう？」

僕：「先生の話もわからないが、それは教科書を事前に読めばある程度はカバーできる。しかし、グループディスカッションともなると、なにがなんだか頭が真っ白になる。それに、言いたいことをうまく伝えることもできない。」

ジャクソン：「進学希望？」

僕：「うん」

ジャクソン：「いまのままだと、成績はかなりやばいよ。米国に来たばかり？」

僕：「そう、語学学校にも行かなかった。」

ジャクソン：「それはつらいね。ただ、先生がそういう生徒に同情することは少ないと思うよ。」

僕：「何かよい方法ってないかな？」

ジャクソン：「あるよ、英語を話してグループの一員になろうとしないことさ。言語で勝負をせずに、それ以外の部分で関わるんだ。グループに必要とされる人間であることをＰＲする感じかな。ＰＲするところがないのなら、自分で売りを作ったほうがいい。」

ジャクソンは煙草の灰を落としながら、僕の返答を待っている。英語を話す必要がないという言葉の意味が理解できなかった。それが顔に出てしまっていたのかもしれない。それを察知したのか、

ジャクソン：「お前のグループはプレゼンテーションのときにパワーポイント使わないって言っていたぞ。資料や映像を使ったほうが、通常はプレゼンのポイントが高いんだ。お前のメンバ

ーが使わないのか、使えないのかはわからないが、それを担当させてほしいということを意思表示しろ。それだけでも随分変化がある。」

私が頷くと、ジャクソンは次の教室へ小走りで去っていった。翌日、私はグループのメンバーにプレゼンテーション用の資料作成を任せて欲しいと話した。誰だって、学校以外の時間を取られてしまうような作業はやりたくない。だから、満場一致の即決だった。

授業終了後、資料作成を任された旨をジャクソンに伝えたところ、

ジャクソン：「お前のグループのメンバーは、これで成績ポイントが加点されると確信したはずだ。資料作成で減点されることはないからな。満場一致の即決もそのためさ。この国では、自分にとって利害のない人間は空気と同じか、それ以下と見なされる。ただ、自分にとって必要な人間は、いつでも、誰でも、何人でも、何色でもウェルカムなんだ。仮にお前が資料作成以外何もできない人間だったとしても、大切なメンバーの一員として受け入れられただろう。そういう区別というか、利害関係が明確にあらわれる〝お国柄〟なのさ。俺は嫌いだけどね」と笑いながら煙草を消した。

日本で学生をしていたときに、授業でグループワークがあり、ほとんど日本語を理解し得ない

留学生がメンバーであったら僕はどうしていただろう。推測の域は出ないけれども、おそらく、(表面的にせよ)メンバーの一員として迎え入れたと思う。何をやればいいのかわからない。グループ内の議論についてこられない。自分から積極的に何かをするわけでもない。心の中では「一緒のグループにいても役に立たない人間だ」と思っていても、その人間への対応はクラスメイトであり、グループメンバーである仲間としてのものとなるだろう。役割を担えないとしても、〝いい奴〟であったらなおさらだ。何日も徹夜してプロジェクトを終わらせた後には、皆で呑みにいったかもしれない。

しかし、僕がいた場所(その空間だけかもしれないが)では、日本の〝お国柄〟を感じることすらなかった。個々人の成績に対してプラスをもたらす人間か、ゼロまたはマイナスをもたらす人間か、役に立つのか、立たないのか、メンバーとして迎え入れられる条件は、いい奴とか、偶然出会った仲間とか、そのような感情が入り込む部分は少なかった。

そのとき、僕は初めて異文化を〝無条件〟で受け入れた。ジャクソンからのアドバイスを忠実に実行し、結果として、グループの一員として役割を得た。結果として、資料作成は高い評価をもらい、グループ全体の成績も、僕個人の成績も良かった。

このときの僕は、〝たまたま〟喫煙所で出会った一人の米国国籍を持つ台湾人に救われた。しかし、ジャクソンが米国生まれの米国育ちであったらどうだっただろう。彼が英語を母国語としない人間が直面する困難を経験していなかったら、僕の異文化に対する価値観は、今も僕自身（日本）を基準にしながら、異文化を受け入れることなく、異文化から受け入れられることなく生活をしていたかもしれない。

ここで僕は自国の文化を捨てて、対峙する異文化に溶け込めとか、染まれとか言いたいのではない。現実として、自国の文化に固執していては超えられない壁があり、〝無条件〟で受け入れなければならないこともあるということだ。日本人の人口は世界人口の六十分の一だ。つまり、日本人の常識や価値観を真正面から理解できるのは、世界に出れば六十人に一人程度しかいないのだ。そのときに、小さいことにこだわらず、とりあえず受け入れてみられるかどうか。深く考え過ぎることなく、えーいままよ、と行動してみる、話してみる、食べてみることができるかどうかが、異文化世界とつながっていけるための人間の幅なのではないかと思うのだ。

人間は他者から必要とされると力が涌いて来る。英語もロクに話せず、自信を持つことができなかった僕は、〝他者から必要とされるのを待ち続けていた〟のかもしれない。じっと待っていれば、チャンスは来るものだと無根拠に信じていたのかもしれない。何でも万能にこなせてしまう能力があれば、無条件に必要とされるだろう。しかし、ある場において、突出した能力がないからといって、必要とされないということはないことを学んだ。能力的に優れていなくとも、他者が手をつけない部分、何となく放っておかれている部分、誰も気がついていない部分を見つけ、積極的に役割を担っていけば必要とされることになるのだ。

間違えようが、失敗しようが、もともと手付かずの部分であるのだから、感謝されこそすれ、罵倒されることはない。そこから信頼を獲得し、自信をつけることができる。重要なのは、現在の自分の実力や能力を他者と比較し絶望することではなく、〝積極的に必要とされる〟ために、誰もが見落としている、「まあ、いいや」と思っていることを探すことである。そして、それを〝深く考えずに〟やってみる。誰かから必要とされるのはそれからだ。

上司

僕にとって、上司とは目標の自分です

留学を中断して、いまのNPOの前身となる任意団体を立ち上げた僕は、いわゆる、上司を持った経験がない。若者支援における先人、長くこの業界でご活躍されている先輩方はいるけれども、上司はいないのだ。

上司とは頼れる兄貴分といった感じだろうか。職場の人間関係がうまくいかないとき、クライ

アントを怒らせてしまったとき、仕事に行き詰ったときに、適切な助言を与えてくれたり、自分のミスをカバーすべく、行動をしてくれたりする。時には、仕事以外のことも親身になって話を聞いてくれる存在というイメージがある。

そんな僕の〝上司観〟を、某広告代理店の営業マンとして働く田中君に話したところ、「そんな上司は存在し得ない」と笑われた。田中君は大学時代にアルバイトをしていたときの同僚で、僕と同じ年齢だ。大学卒業後から、いまの会社に勤めてもう六年目になる。田中君が働く会社は、業界でいうところの中堅どころらしい。社員は百名程度で、三十代と四十代が多いという。田中君が就職したあたりから新卒採用を控え、転職者を積極的に雇用するらしい。どうも、大卒者を採用しても、長く続く人間が少なかったため、社長が方針を転換した。だから、田中君には後輩がほとんどいない。社内の大半の人間が上司なのだ。

もちろん、彼が語る上司はその企業内の人間だけに偏るわけだ。すべてが同じではないどころか、もしかすると非常に特別なタイプの上司が集まった企業なのかもしれない。ただ、僕は企業に勤める他の友人にも会社の上司について話をする。彼らの上司に対する見解にはそれぞれ大差ない気がする。比較的、いまの若者にとっての上司観は画一化されている部分があるのだろうか。

田中君の言う「そんな上司は存在し得ない」の〝そんな〟の中で特に強調されるのは、適切な助言を与えてくれるかどうかではなく、自分のために行動してくれることを指しているのではないかと感じた。同僚のために自分の時間を削ってまで行動するような時間や精神的な余裕は、ないのではないだろうか。給与の大半はインセンティブ、つまり、個々人の成果が直接的に反映される。一方、基本給はとても低く設定されている。部下の給与が上司の数倍ということもあるらしい。その評価基準は個人ベースのものと、プロジェクトベースのものがあるが、田中君の会社では個人の成果が強く問われる。だから、自己犠牲的な行動をとる者は少なく、正直、そのような行動をする同僚や上司がいたら、疑うことから始めてしまうらしい。少なくとも田中君の働いている会社はそうなのだ。

僕が経営する団体はどうだろうか。職員が全員合わせても十名程度のNPOだが、人間関係はよさそうに思う。理事長である僕には、年上の事務局長石山さん（四十歳）がいて、同じ二十八歳の山本君が事業統括部長をしている。そして、仲間がいる。去年の春くらいまでは、職員の大半は年下だったが、現在は、僕が年齢的に平均くらいかもしれない。年齢バランスを考えて、意識的に年上の職員を探したというのもあるし、一緒にやっていきたい人間が〝たまたま〟年上だったただけかもしれない。たぶん、表面的には前者で、実際は後者の理由だろう。新年度の業務拡大に備えて新卒者を採用する、ということがないのだから、意識的に新しい仲間を探すのは難しい。やっぱり、後者だと思う。つまり、〝たまたま〟ということだ。

職場の雰囲気は悪くないと思う。少なくとも、僕がいる場ではとても和やかで楽しい。僕がいないときの場の雰囲気は知りようもないが、険悪という話は聞いたことがないから、雰囲気が悪いということはないだろう。通常業務は午前九時から午後五時までで、それ以降は自由だ。帰宅するもよし、夜中まで〝遊んでいる〟のもよし。一般の企業とは、法人形態、業務形態が異なるので、必然的に事務所内も独特の雰囲気だと思う。若者の支援をしているNPO団体としては、当たり前の雰囲気ではあると思うのだけれど、半分が自宅的機能で、残りが事務所的機能である。パソコンや机、椅子やソファーがあるが、テレビ、ゲーム、漫画、炊飯器に冷蔵庫もある。事務所は三階と五階にあるのだけれど、いろいろそろっているのが三階で、五階はお風呂と洗濯機があることを除けば百％が事務所としての機能を有している。

僕は自分の事務所を「Ｏｎ」と「Ｏｆｆ」が融合した空間にしようと企んでいるので、業務は業務としてきっちりしなければならないけれども、その雰囲気は心落ち着くような自宅のリビングルーム（自分の家にはそんなスペースがないけど）にしていきたいのだ。つまり、午後五時までは業務のための空間なのだけど、それを過ぎると一転、遊び場に変わる。僕ひとりであれば、「一転」することはないと思うけど、大人数となると、まさに「一転」するのだ。

話が横にそれてしまったが、そのような空間、職場の状況での「上司」はどうあるべきなのだろうか。一般に想像される企業とは異なるのだろうか。僕は、上司という枠組みにおいて考えるのであれば、僕の職場も一般企業も大差ないのではないかと思うのだ。

あるとき、田中君と〃理想の上司像〃について、居酒屋の一室で語ったことがある。五時間くらい話し込んでしまったのはいいとしても、エキサイトした二人は次々にお酒を注文し、気がつくと、「安さ」で有名な居酒屋なのに、とんでもない額になっていた。通常の三倍くらいだったと思う。あまりに長時間滞在したものだから、別料金がかかったのではないかと本気でレシートを見直したくらいだから。

田中君：「うちの会社って面白くてさ、俺の上司はその上の上にそっくりなの。考え方とか行動とか。で、俺の上司の上司って、その上の上に似ているんだよ。つまり、縞々になっている感じ。さらに、俺は直属の上司が嫌いで、直属の上司の上司を尊敬している。反面教師が連鎖反応している気がするんだよね。自分の上司のようにはならないよう意識をしつつも、上司の上司に憧れていたりするわけ。たまたまだと思うけど。」

僕：「さっき話した、僕が理想とする上司像は存在し得ないと言ったよね。そして、田中君の会社では反面上司（教師）的に上司が生産されていく。よきにしろ、悪しきにしろ、みんな上司を持っているからこそ、自分が上司になったときをイメージできるんだよね。」

田中君：「確かにそうかもしれないな。肩書きはもちろん付くんだけど、上司そのものは仕事じゃないからね。営業をするとか、経理をするって言えるけど、上司をするっていう表現はおかしいし。誰かの下で働いた経験によって、自分が部下を持ったときにどんなことをすればいいのか感覚的にわかるものかもしれないな。」

僕：「そうなると、僕は肩書き的に上司からスタートしてしまったわけで、モデルがいない。企業で働いたこともないし。誰かにマネージメントされたことがないので、誰かをマネージメントする感覚に乏しいかもしれない。」

田中君：「ＮＰＯのことはよくわからないけど、企業だって同じ業界でも文化とか風土、規則に暗黙のルールが異なるからね。前の会社で評判よかったひとが、こっちに移ってきて全然リーダーシップ発揮できないなんてことは意外とあるんだよね。上司を持ったことがないのはしょうがないにしても、他社とか、他団体の上司、指導者をそのまま真似するのはよくないとは思うね。だから、深く考えずに、自分が理想とする上司になればいいのではないかな。」

どうしたら良い上司になれるのかを考えるとき、僕はいつも一般的な上司をイメージしていた。田中君との話は、傍から見るとたいした内容ではないのだが、とどのつまり、モデルがいないのであれば、あれこれ考えずに自分が理想だと考える上司になれ、ということだ。自分にとって理想的な上司とはどんな人物だろうか。夜中にひとり、事務所の机に座り、あれこれ想像を膨らませてみる。

・大きな絵を描くことができる
・非現実的に思えることが、実現可能に思える
・話がわかりやすく噛み砕かれている
・仕事を任せてくれる

このような箇条書きにしていくと、あっという間に十を超えてしまった。とにかく、頭に浮かんだことを書いていくと、あることに気がついた。ボールペンを机の上に置いて、しばらく考える。箇条書きにしたひとつひとつの項目を、自分自身はどうだろうかと当てはめて考えて、再確認の作業を行なう。

すべて自分自身に足りないもの、自分が欲しているものばかりだ。企画会議なんかをしていると、グランドデザイン的な話をしているのに細かい部分が気になったりする。非現実的な事はそれとして処理してしまい、可能性を探ることを怠る。自分が知っていることを、相手も知っている前提で話していたりする。仕事を任せていると思ってはいるが、投げてしまっていることがある。こんな具合に各項目と自分自身を照らし合わせては、自らの能力や配慮不足に辿り着く。悲しいかな、どれも納得のいく不足項目ばかりだ。

僕は目の前の困難に立ち向かわなくていいよう、上司不在を理由に、心理的逃避をしていたのではないだろうか。「こんなとき、上司がいてくれたらサッと解決方法を示してくれるのだろう。それを持たない自分は〝かわいそうな人間〟なのだから、できなくてもいいんだ。しょうがないのだ」と思うことで、一時的にせよ、自分の不足分を正当化しているように思う。

この夜、僕は自分の不十分さを受け入れることができた。完全に消化できているとは言いづらいけれども、以前と比べれば、自分自身がどうしたら成長できるのか。そのためには置かれた状況下で何をすればいいのかを客観的に考えられるようになった。

結局、理想の上司とは、「あのような人になりたい」とか「このような人間に成長したい」という目標となる人物像であり、もっと言えば、自分自身の理想像なのだろう。上司がいるのであれば、自分が目標としたい人物を探せばいい。しかし、そんな人間は近くにいないとか、そもそも上司がいないのであれば、自分自身がこうなりたいという理想像を確立し、そうなれるように意識してやっていくしかない。

いま、僕には理想の上司がいる。それは、僕自身が目標とする自分像なのだ。

結婚

僕にとって、結婚とは平穏な日常の継続を僕に確信させた出来事です

僕は昨年、生涯を共にしていくだろう伴侶を得た。28歳ともなると、僕の周囲には既婚者がいっぱいである。披露宴や二次会に招待されることもあれば、「結婚しました」のハガキをもらうこともある。友人から「○○は結婚したらしいよ」などと、すごく親しかったわけではない人間の情報を貰うこともある。

正直、結婚願望はあまりなかったと思う。二十歳前後に、一時的に感情が盛り上がることもあったが、冷静になればそれが非現実的で、一時的な感情の起伏であったことは後から理解することができた。だからといって、結婚というものを意識的に避けてきたということはなく、「まあ、いつかは結婚するのだろう」とか、「三十歳前後には落ち着こうかな」といったような、漠然とした意識はあった。

意識はあったけれども、いつ、どこで、誰と結婚するのか。子供は、住居は、老後はどうしていくのかといった、具体的なものは限りなくゼロだった。自分の年収とか、働き方というものが結婚観を持たせなかったということではなく、結婚なんて別世界の話だったのだ。

人生なんて本当にわからない。二十八歳の若造が軽々しく口にすることではないけれども、誰がどう僕の人生を分析しても、異国人の妻を持つ確率を当てることはできないはずだ。そう、去年、僕は米国人の女性と結婚したのだ。

出会いやプロポーズの言葉など、つまらないことは省略する。聞きたくもないだろうし、話すのも恥ずかしいので。

結婚について深く考えたこともなかった僕がそれを決断するのだから、何か大きな出来事があったのではないかと、多くの方々から聞かれた。ダントツで多かったのが、「子どもができたの？」

であった。確かに、いわゆる、できちゃった結婚が、若者が結婚に至るきっかけの二十五%ともなれば、そのように推測もし得るけれども、そうではない。理由はもっと単純だった。何となく電車に揺られていた一月の初旬、僕は彼女（いまの妻）との遊びの計画をチラホラ考えていた。春、夏、秋、冬と、一通りのイベントを頭に描き、〝来年のいま頃は……〟と思ったときにはっと気がついた。三百六十五日も先に、一緒にいる前提でスケジュールを考えている自分にである。仕事であれば、年間計画以外にも、中長期計画も当然考えるが、男女関係において、そこまで長期（一年）で考えたことがこれまでにあっただろうか。仮にあったとしても、このときほど自然に、具体的に、かつ、無意識に頭の中で翌年のことを思い描いていたことはなかった。そんな自分に驚いたので、それならばと思い、結婚を決意したのだ。きっと、誰もが結婚を決断するのって〝その程度〟のことなのではないかと思う。ハリウッドの映画のような劇的な出来事を待ちながら（僕は待っていなかったが）も、友人や知人が聞いたら、「そんな理由で？」というのが圧倒的なのではないだろうか。少なくとも、僕の決断理由は小説やドラマになりそうにはない。

付き合いが長かったので、式のための準備などは大変であったけど、「これから新しい生活が始まる！」といったドキドキ感よりは、穏やかな気持ちであった。さまざまな理由から、結婚式は米国と日本の両国で挙げた。式は滞りなく終わり、友人と式場のバルコニーに出て、煙草をふかしながら、三年近く居住していた見慣れた街を見たとき、僕は国際結婚したことを強く意識するようになる。いままでは、〝この街に日本から行く〟と考えて暮らしていたのに、これからは〝この街へは帰ってくる〟のだなと実感した。

昔、何気なく見ていたテレビの画面から、「結婚は人生観を変える」と言っていたが、僕にしてみれば、結婚式は非日常かもしれないけれど、結婚をすることで何か日常に大きな変化があったかというと、特に思い当たるふしはない。果てしなく繰り返される日常に多大なる影響を与えるものという考えは誤解だろう。

では、僕にとっての結婚とは何だったのだろうか。結婚したから、一緒にいる楽しさが二倍になったとか、ケンカの大きさが三倍に膨れ上がったとかはない。僕の苗字は変わらないし、仕事への取り組み方に変化が起きたということは言われない。朝起きることは相変わらず苦手だし、家の漫画は増える一方だ。最大の変化と言われたら、「お小遣い制」が導入されたことくらいだろうか。でも、これは話し合いの末、自ら申し出たことでもある。強制されたものではないし、不満があるわけでもない。

結婚のきっかけは電車での考えこと。結婚したときの感想は、〝行く場所〟が〝帰る場所〟になったこと。そして、結婚の意味もまた、日常の活動の中にあったのだ。

僕の仕事は若者の自立を支援することである。日本では、若者の年齢を十五歳以上三十四歳以下としている。特に意識したことはなかったのだが、ある講演会で話を終えた後の質問タイムでその理由を聞かれたのだ。そのときは答えられなかったが、翌日、事務所でその理由を探していた。すると、とあるサイトにこんな説明があった。

「三十四歳までである理由は、就職して、年金受給資格を得られる二十五年分の保険料払い込みが開始出来る、最後の年齢である為」（http://ja.wikipedia.org/wiki/NEET）

十五歳以上というのは、義務教育終了の年齢だろう。しかし、三十四歳以下であるという理由が年金問題とリンクしている可能性がある（本当にそうであるかはわからない）とは驚いた。講演のネタ探しのついでにいろいろ計算してみたのだが、僕が六十歳になるまでには約三十二年の歳月が残されている。日数にして一一七〇〇日弱。時間にすると、二十八万時間ほどだ。二十八歳の僕がこれまで生きてきた時間数と六十歳になるまでの時間数はほぼ同数なのだ。別に、六十歳という年齢設定に意味はないけれども、たまたま見つけたサイトを参考に、一応、六十歳にしたのだが、僕はこれまで生きてきた人生の時間とほとんど同じくらいの時間量を妻と過ごすことを発見したのだ。

独身時代には、日常生活の時間視野は広く考えても五年くらいだった。二十七歳の時点で考えていた将来なんて、三十代になったらどうなるんだろうくらいだった。それが、平々凡々と繰り返される日常を日常のまま長期的に考えるようになったのだ。そもそも、日常とは長期で考えるようなものではない。おそらく、何事もなく平和に過ぎ去った一日が、一ヶ月なり、一年なり続いたときの感覚であり、ドラスティックに人生や価値観が変わってしまうような出来事がない状況でなければ、日常という言葉をそこに当てはめないだろう。

結婚をしてみたらその日常を数十年という単位で考えられる自分がいる。しかも、その数十年は穏やかに、楽しく過ぎ去ることが予め決められているかのような確信がどこかにあるのだ。この確信こそが僕にとっての結婚の意味なのである。まったく無根拠でありながらも、どこかいまの平穏無事な生活が永久に続くという確信の獲得は、僕の日常はそのままに、僕自身に安定と安心をもたらしている。

コミュニケーション能力

僕にとって、コミュニケーションとは伝えることです。

僕はあまり外来語が好きでない。日本語で言えばいいのに、わざわざ海外の言語をカタカナ化して使うことに抵抗がある。いろいろな委員会に出席したりすると、発言の大半がカタカナ語で、聞いている僕にはさっぱり意味がわからないといった状況に直面する。同じ分野の研究をしていたり、いつも一緒に話をしている同士の会話だったら理解できるのだろうが、一見さんの僕にはさっぱりだ。

キャリア、コンサルティング、コーチング、ファシリテーション、ネットワーキングなどなど、耳慣れた言葉として定着しているものの、その意味を聞かれると正確に答えられないとか、ひとによって答えが違うものばかりだ。ただ、冒頭で〝あまり〟好きではないと言ったのは、これらの言葉があまりに便利なので、やはり僕も使ってしまうことがしばしばあるからだ。この文中にもたくさんのカタカナが語が出てくるはずだ。

そのなかで、僕が出来る限り意識して使わないようにしているカタカナ語が「コミュニケーション」である。この言葉を辞書で調べてみると、

社会生活を営む人間が互いに意思や感情、思考を伝達し合うこと。言語・文字・身振りなどを媒介として行われる。「—をもつ」「—の欠如」動物どうしの間で行われる、身振りや音声などによる情報伝達（『大辞林』提供：三省堂』 ｙａｈｏｏ辞書より）

僕なりに解釈をすると、「どんな手段を使ってもいいので、相手に伝えるべきことを伝えること」になる。仕事柄、社会に一歩が踏み出せない若者と関わることが多いのだが、ここでは「コ

ミュニケーションに自信がない」と言われ、一方、企業の採用担当者にお話を伺うと、「弊社はコミュニケーション能力のある若者を求めています」と言われる。学校の先生は、「最近の学生はコミュニケーションができなくなってきている」と嘆く。

ただ、それぞれにそのコミュニケーションとは一体何を示しているのかを聞くと、答えはバラバラである。友達と雑談ができるようになることであったり、提案力や交渉力であったり、他者の顔を見て話すことであったりするのだ。一言でコミュニケーションといっても、それぞれが意味するものには大きな誤差があり、それが誤解を生み出すようなこともある。特に、「コミュニケーション能力」という言葉に僕は注意を払っていて、それが表す意味がわからないために、とんでもない能力を求められているのではないかと勘違いをしてチャンスを失ってきた若者にたくさん出会ってきたからだ。人事の方に率直に聞いてみると、コミュニケーションの内実はちゃんと挨拶ができることであったり、返事ができることであったり、ひとの話を聞ける力だったりするのだから、初めからそう書いてくれればいいのに、と思うことも多々ある。

世代間でもコミュニケーションへの感覚は異なる。僕も比較的そういうところがあるかもしれないが、若い世代は意思疎通にデジタルに近いツールを活用したがる。したがる、というのは、デジタルでも、アナログでも用件を伝えればいいのであれば、積極的にデジタル側のツールを選択する傾向にあるということだ。デジタルからアナログまでには、いろいろな幅がある。例えば、ある知人に同窓会のお誘いをする場合であれば、アナログからデジタルまで、簡単に考えてもこれくらいの伝達方法がある。

会って話す∨手紙を書く∨ＦＡＸを流す∨電話をする∨メールをする

ちなみに、僕は手紙とＦＡＸ、電話はあまり好きではない。とても両極端なのだ。相手の顔が見える状況で話をするのが最適だと思う。一番物事が伝わりやすく、相手の表情を伺えるので、それに合わせた対応ができるからだ。手紙は到着するまでに〝時差〟があるし、ＦＡＸは届いたかどうかだけではなく、ちゃんと読めるかどうかを確認するのが面倒である。電話は相手の顔が見えない状況で話をしなければならないから緊張する。時間と場所の確認など、用件のみを伝えるときに使いたい。メールは文章を打つのが楽であり、かつ、相手の都合の良いときに読んでもらえばいいし、相手の業務や生活を邪魔するリスクが少ないので重宝している。

最近の若者はすべてメールで済ますとはなんとも寂しい社会になったものだと、コミュニケーションの完全デジタル化に警鐘を鳴らすひとびともいる。ある側面においてそれは真実であるが、若者には若者のペースや文化があるのだから、アナログ至上主義とも言うべき価値観を押し付けてしまうのもどうかと思う。

僕の尊敬する大人のひとりに、佐藤さんという、いまも企業の第一線でご活躍されている方がいる。その佐藤さんが、新卒採用の面接でこんなことをしたという。しかも、まったくの思いつきでだ。

簡単に説明すると、グループ面接に望む複数の学生に対し、いきなり英語で話し始めたのだ。そして、それぞれに対して自己紹介と志望動機を話すよう求めた。

たったこれだけのことであっても、学生にしてみれば、何が起こったのかわからなかっただろう。きっと、目の前の面接官が英語を使ったことすら理解できたか怪しいものだ。

（当然だが）学生は固まってしまった。我にかえるまでに要した時間は十五秒くらいかかったのではないかと、佐藤さんは笑う。

笑えないのは学生側であっただろうが、親切な佐藤さんはもう一度同じことを〝英語で〟話した。自己紹介と弊社を志望された動機を教えて下さいと。佐藤さんの勤める企業の規模からすると、きっと優秀な学生だったのだろう。最終面接まで残るだけあってか、即座に反応し始めたと言う。

佐藤さんの英語が理解できたからといって、英語で流暢に自己紹介ができたり、志望動機が話せたりする学生は少ないだろう。ただ、何とか自分という人間を目の前の佐藤さんに伝え、働きたい想いを伝えなければ、内定をもらうことはできないのだ。

結果、グループの中から三名の学生が高評価を得た。ひとりは、英語が話せる学生であり、語学力以外にもしっかりとした考えを持っていた。むしろ、この学生にとっては、佐藤さんの思いつきはラッキーだったかもしれない。もうひとりは、ホワイトボードに英語で自己紹介文と志望動機を書いた。話すことではなく、書くことで自分自身を伝えたのだ。最後のひとりは、携帯電話の電源を入れ、英語が話せる友人をつかまえ、事情を説明すると、電話を佐藤さんに渡した。そして、佐藤さんはその友人に英語で用件を伝え、友人はその学生に日本語で説明をする、携帯電話を活用した通訳という手法を取った。

一方、パニック状態になってしまったり、困ってしまったりしたものは残念な結果となったが、一生懸命、拙い英語で伝えようと努力した学生もまた高評価を得ることができなかった。佐藤さん曰く、「英語を使おうと努力していたのだけど、贔屓目に見ても、理解不能だった。特に発音がね。ノートでもホワイトボードでもいいから、文章にしていたらよかった」ということだ。

この話を聞いてから、もう一度、コミュニケーションについて考えてみる。その根幹は相手に伝えることだ。伝える内容はその都度異なるだろうが、感情でも、思考でも、予定でも同じである。コミュニケーションと聞くと、言語による伝達を想像しがちになる。しかし、本当にそうだろうか。実生活を考えても、僕らは文字や身振り手振りをかなり使っているし、目線や表情、服装や化粧なども、伝達手段として活用している。佐藤さんのエピソードにあるように、何かを伝えるためには、必ずしも自分自身の力で伝える必要はない。友人にお願いをして伝えてもらうのも伝達手段としては立派なものだ。

社会の一員である僕らはひとりで生きていくことはできない。友達との付き合いも、仕事をすることも、物を買うことも、ネットだけで生活するにしたって、必ず、何らかの伝達手段を使って、誰かに伝えている。その手段は多様である。しかし、社会から個人に対して強くコミュニケーションを求められるとき、僕らは手段の多様性を画一化してしまうのだ。僕は特にその傾向が強いかもしれない。これからは伝達手段を柔軟に発想して、活用していきたい。なぜなら、コミュニケーションとは伝えることであり、そのためには何を使ったっていいのだから。

時間

僕にとって、時間とは無限にあり得る有限資源です

僕は、人間とは本当に不平等だと思う。他の生命体も同じなのかもしれないけれども、僕の考えについては、他の生命体に確認することができないので、人間に限定しようと思う。

人間は、生まれる時代や場所は選べないし、国籍も母国語も生まれてみないとわからない。身体的特徴や容姿だって、後から変えられる部分はあるかもしれないけど、基本は自分の意志とは

無関係に決定されてしまう。

僕は時間という概念が意外と好きだ。なぜなら、すべての人間が平等に持つ、数少ないものだからだ。どの時代も、どの場所も、お金持ちもそうでないひとも、無条件に一日は二十四時間だ。使い方は自由だけど、とにかく、すべての人間は一日が二十四時間で、一時間は六十分だ。これほど平等なものはない。

ちなみに僕は、人間の不平等性に不満を持つこともなければ、平等主義者でもない。機会は均等の方がいいとは思うけど、実際にそれが実現される社会が一年後や二年後にできあがる可能性が、かなり低いことも理解している。

僕は、あまり「時間がない」とか「忙しい」と言わない。たまに口から出てしまうことはあるけど、なるべくそれを言わないように意識している。なぜなら、多忙を意味する言葉を使えば使うほど、暇になるからだ。以前、オーバーワーク気味になって、文字通り、「心」を「亡」くしたような状況になったことがある。自分から「最近、時間がないんだよね」と言ったり、「忙しそうだね」と友人に言われたりしたときに、「忙しくて、明日にでも倒れそうだ」と答えていたことがある。

すると、遊びの誘いや仕事の話、電話やメールをもらうことが激減した。もちろん、多忙であることを他者に伝えたことが直接的な原因ではないかもしれないけれど、多少なりとも影響はあったのではないかと思う。

確かに、友人や知人から時間がないと言われると、呑みに誘いづらくなるし、仕事の話だとしても、次の機会にしようと思ってしまう。迷惑はかけたくないし、面倒くさい人間だと思われることにも抵抗がある。

そのような時期が続くと、いつの間にか仲が良かった友人とは疎遠になってしまって、久しぶりに遊びたいと思っても、相手が携帯電話の番号を変えていたり、転職していて連絡先がわからないことだってある。

一方、学生でも、社会人でも、誰がどう見ても忙しい人物がいる。一日が四十時間くらいないと、睡眠時間すら確保できないほどに活動しているひとたちである。彼ら／彼女らの多くは、いつ聞いても、忙しくないとか、暇だと言う。本当は時間に空きがないのだけれども、「忙しい」と言わない。遊びや仕事のお誘いを断るにしても、調整が付かないとか、たまたま都合が悪いとかいうことで、別の日時を設定しようとする。多忙を理由に話を断るようなことはしないのだ。

〝時間がない〟と言わない人々について僕が感じるのは、生活の「余裕」だ。忙しいはずなのに、実際に会って話をしてみると、まるで休日であるかのように穏やかな表情をしていたりする。最近売れている書籍は読んでいるし、新作映画を見ていたりもする。流行のゲームはしっかりやっていて、自分の趣味のための時間は十二分に確保している。睡眠時間も聞くと、予想外に長いことも少なくない。

僕は、時間の有効活用方法についての話をしたいわけではない。その手の類の話はよく聞くし、本屋にいけばそのためのノウハウ本はたくさん出版されている、必要に応じて読めばいいと思う。そんなことより、僕が注目してしまうのは、どのような人間でも一日の時間量は同じはずであるのに、なぜ、時間を無限に持っているように見えるのか、いや、持っているひとがいるのかである。

某外資系企業に勤める柳川君は、一日二十四時間では動いていない（ように見える）。頻繁というほどではないけれども、近況報告を含め、メールのやりとりはいまも続けている。一年に二回くらい会って話をする。柳川君からもらった会社からのメールを見てみると、送信時間が滅茶苦茶だ。「お疲れ！」という件名が午前三時。「月曜日は働く気がしない…」の件名は、朝四時だ。始発電車も動いていないのに…。どうやって出社したのだろう。

仕事大好き人間に見えるが（僕は仕事大好き人間なのだけれど）、年に数回海外に旅に出るし、週末はスポーツ観戦していることが多い。読書量も相当なもので、僕が読んでいる漫画や雑誌に加え、ビジネス書から売れ筋の小説までを網羅している。社外の友人とも頻繁に食事をしているようで、よくお誘いを受ける。場所も六本木や新宿、渋谷という都心部から、僕の地元である立川近郊であったり、千葉や神奈川、埼玉にも出没する。睡眠時間を削っているのかと思いきや、「今日は十時間以上寝てた」と笑いながら話す。不思議なので、どのような生活をしているのかを聞いてみた。

柳川君は一言で「俺はナガラ族だから。ひとつのことにあまり集中をしないんだ」と言う。テレビをつけっ放しにしながら、雑誌を読みつつ、食事を取るといったようなことを僕は想像したのだけれど、複数のことを一度にするための工夫をしっかりとしていた。自分がやりたい、行きたい、読みたい、食べたいというトピックを並べ、共通するものを抽出して、グループ化する。何かをするときには、グループごとやるらしい。

一例としては、ファッション関係で働く友人と食事をするときには、購読しているファッション関係の雑誌と、ノートパソコン、それに蓄積しておいたテレビやDVDで気になったトピックを適当に集めたデジタルデータを持って、行ってみたいと思っていたレストランで待ち合わせ。以前からほしいと思っていた洋服は、その友人の意見を取り入れ、「買いだ!」と思ったら、その場でオンライン注文をしておいて、後日、お店でフィッティングをする。二時間程度の間にこれだけのことを一挙にやるらしい。

　ちなみに、僕と食事に行くときには手ぶらのことが多いのだけれど、それを聞いてみるとこんな答えが返ってきた。「だって、お前と飯を食うときって、決まった話題はないし、いつも適当に電話をかけて、時間が取れそうな知り合いとかを呼ぶから」だそうだ。褒めてもらっているのかどうかよくわからなかったが、普段は、その日にあわせて、グループ化したものをワンセット、バッグ（小旅行用のやつ）に朝から詰めて持ち歩くようだ。駅の階段や移動で重くないのかと聞くと、「よい筋トレになる」らしい。どこまでも効率的であった。

　午前三時や四時に送信されて来る会社発のメールに関しては、仕事が立て込んでいるときだけの話で、小休憩の間に送ったものだと言う。徹夜をすることはそれほど多くないらしい。仕事は会社にいないとできないものは朝から片付けてしまい、どこでもできるものは、それができる時間に、できる場所でやるという。企画などは、友人や知人と食事をしている間に、先ほどのグループ化ワンセットを活用して組み立ててしまう。僕からすればスーパーマンのようだけれど、本人は平然とそれをこなす。睡眠不足のときは、近くのホテルなどにちょこっと寄って、数時間の仮眠でチャージするらしい。それだとお金がかなりかかるのではないかと聞くと、買い物や旅行をするときには、いくつかのカードにポイントを集約するようにしているため、小休憩をするくらいのお金はすべて普段の生活のなかで貯めたポイントを活用すれば充分だという。

驚くべきは、柳川君は独身ではなく、妻と子供がいて、家族とも楽しく生活をしている。そして、よく本屋で売っている時間を活用するための方法論は使っていない。付箋も使わないし、時間を予め区切ることもない。ただ、自分の興味関心、やりたいことを単体で捉えず、グループ化しているだけだ。この「準備力」とでも呼べるような方法で、一日二十四時間の概念を吹き飛ばしている。プライベートと生活を一体化させることで、僕はいろいろやっているんだと伝えると、「それもいいね。でも、俺はサラリーマンだから。そのうち、自分で会社でも起こそうかな」と、微妙に流された。共通しているのは、どちらも時間を効率的に使おうとしているのではなく、やることと、やりたいことをするために効率化（グループ化）が自然と行われ、結果として時間をうまく使えている（だろうか？）のではないかと言うことだ。

時間は有限資源である。誰でも一日は二十四時間であり、それ以上でも、それ以下でもない。しかし、有限資源である時間を無限にあるものとして活用している人々は、時間がないとか、忙しいとかいうことで、自らに余裕がないことを他者に悟られないことである。逆に、余裕を持って接せられると、こちらとしても許せてしまうのではないだろうか。今後もつながっていていい、気軽に連絡をしてもいいと安心できるのではないだろうか。つまり、余裕がいい仕事やよい人々を周囲に呼び寄せ、とても幸せな生活をもたらすのだ。

時間が限りある資源であることは自明である。しかし、それをあたかも無限に持っているように見せられるのは、人としての余裕である。一日は二十四時間で、誰でも時間がなくて切羽詰ってしまう状況に陥ることがあるだろう。それでも、心の中で歯を食いしばりながらも、多忙感などは微塵も感じさせないよう努力するのである。僕はこの努力はものすごい高い確率で、自らの生活を豊かにしていくと確信している。その理由は、豊かな生活を送っている人々は、決して、時間がないとか、忙しいといったことを感じさせないからである。時間は有限である。しかし、その有限性を無限にすることは、日々のちょっとした意識で可能なのだ。

異国人

僕にとって、異国人とは日本文化の伝道者です

日本で暮らす異国人がどれくらいいるのかはわからないが、僕も意外と異国人の友人が多い。妻の知人であったり、取材を受けたジャーナリストであったり、日本人の友人の友人であったりする。

（歴史的背景などはともかく）日本は単一民族国家であり、国籍よりも、外見でひとを判断する

傾向が強い。全員ではないが、大多数はそうだろう。肌の色が日本人とは異なっていると、頭の中で異国の人と判断し、ひどい場合には、日本語で話しかけている肌色の異なる人に対して、英語で返そうとしている滑稽なシーンを目撃する。日本語で話しかけられているという事実を認識できないばかりか、無根拠に英語を話せる人であると判断をしているのだ。溜息と嘲笑しか生み出さないそのような場面はこれまでウンザリするほど見てきた。

僕が生まれた福生市は、東京の西にある「西多摩」と呼ばれる地域だ。福生には、横田基地という〝米国〟があり、基地沿いを走る国道16号は、昔、米国流れのジーンズやグッズが手に入るということで賑わっていたらしい。そのような町だから、通りや建物の中にはたくさんの異国人がいる。主に米国兵士とその家族ではあるが。

中学生、高校生の頃から、福生駅周辺で異国人から道案内を求められたり、警察署を聞かれたりしたものだ。とりあえず、日本語で話してみるが、通じないようであれば、数年間も学校で習っている、国内で使用する機会がほとんどない拙い英語で要望に答えていた。

多少なりとも英語が使える今でもたいてい、異国人から話しかけられるときは英語である。Excuse meといった具合だ。そこで、道案内を頼まれたり、行き先までのチケット代をたずねられたりする。一通り、相手の用事を手伝うと、必ず聞いていることがある。

あなたは、私にExcuse meと話しかけたけれども、日本語の『すみません』という言葉を知っていますか？

相手が「知りません」と答えたら、笑顔で「便利だから知っておいたほうがいいよ」と言ってその場を離れるが、相手が「知っている」と答えようものなら、一気にまくし立てる。困っている内容を日本語で話せとはいわないけれども、日本という異国の地に来て、自分の母国語（英語）で話かけるのは非常識だろう。僕だって、台湾に行けば中国語（マンダリン）、米国に行けば英語と、最低限の言葉くらいは使う。知らないのはしょうがないが、知っているのに使わないのは、相手に対して失礼ではないだろうか。

だからこそ、相手が日本語で話しかけているのに、話せもしない英語で答えようとしている日本人を見ると情けなくなるのだ。もっと言えば、相手が黒人だったり、白人だったりするときと、同じ肌の色をしている（おそらく）アジア人であるときでは、日本人は態度を変えて接することだ。どのような言葉で表現しようとも、全体として、日本人はアジア人と黒人、白人と色分けし、個人を知る前に何らかの偏見をもって相手に接している。それは意識的なこともあれば、無意識な場合もある。そんなときは、国際化とか、ボーダレス化とか言われていても、まだまだ一部の人間だけしか適応していないのだなと感じざるを得ないのだ。

僕は、趣味というか、ライフワークの一貫として、日本でトラブルにあった異国人のサポートをしている。どこかの団体に所属しているということはなく、まったくの個人でやっている。団体には団体なりにできることがあると思うし、個人には個人なりのサポートの仕方がある。僕は、いまのところ、個人ベースでやっているだけだ。

二年前の夏、就労ビザで日本に長期間滞在している友人がトラブルにあった。ノルウェー人のフローは、地下鉄出口で友人と待ち合わせをしていた。比較的異国人が多い場所であったのだが、休日の昼間だったため、人通りはほとんどなかった。待ち合わせ時間よりも少し早く駅に到着したフローは、友人が来るのを、地下鉄出口付近でボーっと待っていた。すると、二人の男が向かってきて、フローを挟むようにして「外国人登録証」を提示するよう要求した。私服警官だと言う。

日本語が堪能なフローは、警察手帳の提示を求めると共に、付近にある交番に行って話がしたいと〝日本語〟で伝えた。片言の英語で男たちは何かを言い始めたが、英語が母国語でないフローには意味がわからなかったので、とりあえず交番に歩き出した。

そのとき、男の一人がフローの左手を掴み、もう一人が行く手をさえぎるように肩を当ててきた。少し混乱しながらも、フローは再度日本語で、交番で話がしたい旨を伝えた。結局、少々のもみ合いが続き、待ち合わせの友人たちが集まってきた。友人の一人は日本人で、双方の間に入って仲介をした。フローの日本語での言い分を、そのまま男達に日本語で伝え、交番へ行くことになった。交番で、男達は警察手帳を提示し、フローは外国人登録証を提示して、事は済んだと思われた。

僕がその話をフローから聞いたのは、ひと悶着あった日の夜だった。フローが一点だけ気になるので、調べて欲しいことがあると頼んできた。何かと聞くと、いわゆる、職務質問をしてきた二人は、どうして自分に話しかけ、あのような態度を取ったのか。また、自分の日本語が通じていたのか、そうでなかったのかを知りたいというのだ。

フローの知りたい事実を解明するための、僕の趣味はここから始まるのであるが、詳細は生々しいので割愛する。とりあえず、僕は職務質問をした方々と面会をする機会を何とか作り、フローが欲した答えを獲得した。

簡単に言うと、その前夜、付近で異国人グループ同士の騒動があり、通行人にも怪我人が出た。その捜査の一貫として、異国人に声をかけていた。フローに声をかけたのは偶然であり、それ以外の異国人にも声をかけていたと言う。

フローに対する態度については否定的、つまり、腕をつかんだりはしていないということだった。僕が気になったのは態度の方ではなかった。まずは、フローの日本語については理解できていたという。それにかぶせて、僕はなぜフローに稚拙な英語で話しかけたのかと尋ねると、「白人さんだったので、英語を使った」と言う。僕は再度確認をする。フローの日本語は理解できたんですよね、と。すると、理解はできたが、彼が日本語を聞いて理解できるかどうかはわからなかったため、と言う。本当に呆れざるを得ない話だ。

僕の異国人に対する趣味は恩返しである。これまで自分とは国籍も、言語も、外見も、色も違う人々に助けられ、励まされ、僕という人間をここまで成長させてもらってきた。特に、海外に長く滞在しているときには、どこの国の人間であるという以上に、ひとりの人間として受け入れてもらってきた。素晴らしい出会いがあった。それらの国々にはいまも感謝の気持ちでいっぱいなのだ。僕は僕の友人や知人にその国や国民の素晴らしさを伝えている。それによって興味や関心を持ち、実際に遊びに行くようなのもいたくらいだ。

日本が好きで、日本に在住している異国人はたくさんいる。フローは日本に永住したいとまで話している。おそらく、ノルウェーに住むフローの知人や友人は日本に好意と関心を寄せていると思う。それは、フローの周囲にいる日本人が彼を受け入れているから、フローもそれを方々へ伝達していく。

僕は、これまで僕を受け入れてくれたひとびとへの感謝と恩返しをし続けていきたいと思っている。日本という国の素晴らしさを世界中に知らせていきたいのだ。そのために僕ができることは、日本でトラブルに巻き込まれたり、困った状況に陥ってしまったりした異国人のサポートなのである。異国人が僕の国で受け入れられ、素晴らしい経験をすれば、それを自分の国や他国で伝えて行くはずだ。その積み重ねにより、世界の人々は自国で偶然に出会った日本人を暖かく受け入れるだろう。その受容し合う関係を作れるのは、個々の人間同士の交流だと思う。そのきっかけ作りは、いつでも、どこでも、誰にでもできる。国籍や文化、言語ではなく、目の前にいる異国人を受け入れることだ。そうすれば、きっと向こうだって、こちらを受け入れることができるはずだから。

漫画

僕にとって、漫画とは人情と真理の塊です

一ヶ月の読書数は、おそらく、五冊から十冊くらい。仕事として読むものと献本という形でいただくもの、近いうちに対談をする予定のある方が書かれたものくらいだ。読書は嫌いではないのだけれど、まとまった時間がないと読書に気持ちが向かわない。本屋で買ったのはいいけど、自宅や事務所でカバーをかけられたまま冬眠している本もたくさんある。いつかは読もうと思っ

て買ったのだけれども、いったい、いつになったら読み始めるのか見当すらつかない。

読書数はあまり多くないかもしれないけど、読書量はそれなりだ。なんといっても、週刊誌と月刊誌に加え、僕は大量の漫画を読むからだ。ちなみに、漫画喫茶へはほとんど行かない。古本屋に行くことも少ない。週刊誌、月刊誌は電車での移動が多いので、どれもこれも電車内で目を通す。平均すると一日二誌程度だと思う。少年雑誌、ビジネス雑誌、スポーツ雑誌、大衆娯楽誌など、ジャンルは広い方だと思う。

塵も積もれば、ではないが、総量はかなりのものになると思う。ただ、これだけの量を読むと、情報量はそれなりになるし、ゴシップにも強くなる。結果として、誰とでもそれなりに話を合わせることができるようになるのだ。雑談に強くなれる。

その中でも、僕が重宝しているのが漫画だ。少年少女向けのコミックも読むが、専門性が高く、取り扱う情報が高度な漫画が好きなのだ。いまの三十代、四十代の漫画世代が、漫画からそれほど離れていかなかったお陰で、高度な情報が詰まった漫画が市場として成り立つようになったのだろう。

僕は自宅に増えすぎてしまった漫画の半分弱を事務所に持ってきている。寄贈ではなく、自室に漫画のためのスペースがなくなってしまったからだ。漫画喫茶を開くほどの量はないが、個人としては少なくない漫画保有量だと思う。

漫画の読み方はひとそれぞれであるが、僕は同じ漫画を何度も何度も繰り返し読む。すべてのキャラクターの台詞を覚えるということはないけれども、新しく買った漫画であれば、その日のうちに二、三回は目を通してしまうのだ。一回目はさっと目を通し、二回目はじっくりと。三回目は復習みたいなもので、これまでのストーリを思い出しながら読むことが多い。普段は、一巻からその時点で出版されている最終巻までを読み、ひとつの漫画を終えたら、他の漫画の一巻から読むことを永遠に続ける。選択の基準はそのときの気分である。

僕が漫画を読み続けるのは〝楽しいから、〟というのが理由である。同世代がよく読むものはもちろん、小学生に人気があるものから、女性に人気の漫画まで楽しく読む。結果として、漫画の内容に助けられたり、人間関係が深まったりする経験が多いのだ。いまは海外でも日本漫画は評価を受けていて、英訳やフランス語訳されているものも多々ある。先日、米国に行ったときには、空港の大きな本屋で、英訳された数々の、僕の家の本棚に並んでいるものと同じ漫画がズラッとならんでいて、若者たちが〝座り読み〟していた。

いまは、漫画の構成者と表現者の役割が分担されていることも多く、漫画であっても、実際に現場で起こった実例を基にしてあったり、業界の因習が色濃く反映していたりしている。いわゆる、〝業界用語〟も知ることができるのだ。周囲を見渡して考えると、自分の業界について描かれている漫画を読んでいる業界人はたくさんいる。僕は漫画をかなり読むため、たまたま漫画で描かれている業界のひとと話をしたりすると、「○○っていう漫画では、△△のようなことが描かれていますけど、あれってどうなんですかね」と切り出してみる。すると、かなりの高い確率で、その漫画を読んでいたりするのだ。一方、仮に相手方がその漫画を知らなくても、漫画で頻繁に使われる業界用語を知っておくと、相手の話が非常に理解しやすい。

文系の受験生のほとんどが、古文の受験対策として推奨される漫画があるように、やはり、その業界を学ぼうとするときにお勧めの漫画は存在する。金融でも、商社でも、警察でも、法曹界でも、世の中にある職業のほとんどが漫画でカバーされているのではないかと思うくらい、職業に着目した漫画は多い。

僕の読んでいる漫画は、昔から、上司と部下の板挟みになったり、取引先との間にトラブルを抱えたり、同僚とうまくやっていけなかったりと、サラリーマンであっても、個人事業主であっても、仕事の壁にぶつかり続けるものが多い。そのような構成の中でも、自分の力でそこを乗り越えていくものは比較的少ないのではないかと思う。大半は、個人の力で乗り越えられないような設定であるような気がするのだ。

途方に暮れる主人公が危機を乗り越えるきっかけを与えてくれるのは、身近にいる信頼でつながった人間である。高校生くらいまでは、そんなに都合よく、周りの人間が助け続けてくれるわけないだろう、と思いながら読んでいたので、自分の力で壁を乗り越えたり、壁ごと壊したりする主人公が好きだった。

実際に社会へ出てみると、悩んだり、困ったときに自分を支えてくれたり、助けてくれたりしているのは自分自身であることはほとんどなく、そこには必ずと言っていいほど、知人や友人の力添えがあるのである。僕は、漫画には情報だけではなく、人情や物事の真理が映し出されていると思う。それは実社会に出てみると、改めて強く感じることなのである。いつの日か、僕も漫画を通じて、何かを伝えてみたいと思う。ＮＰＯの漫画もいつか出販されないだろうか。

お金

僕にとって、お金とは自分を守る必需品です

普段の服装がテキトーだと、急な来客があったときにとても困る。ＮＰＯ法人とは言え、そこは肩書きが理事長なのだから、相手だってそれなりの人間を想像するのかもしれない。そこに小汚い服装の兄ちゃんが現れたら、コンマ数秒の間ではあるけれども、来客者の顔に、「このひと誰？」という字がはっきりと書き出されるのも無理はない。

服装を含め、僕には物欲がほとんどない。妻から頂戴する月額のお小遣いの使い道はたかが知れている。昼食代に、ジュース代、書籍・雑誌・漫画に、呑み代くらいだ。職員と呑みにいく回数が多い月は、ちょっとお財布の中身が寂しいくらいだ。これくらいしかお金を使わない。余る事はないけど、足りないこともない。

米国に留学していたとき、僕は会計学を専攻していた。途中でいまの事業を始めるために帰国をしたけれど、ゆくゆくは金融・証券の世界で働きたいと思っていた。当時（約五年前）は、成果主義の世界でバリバリ働き、年収もたくさんほしいと思っていたけど、使い道を考えたことはなかった。

いまの僕の年収は、当時の野望と比較すると雀の涙くらいの額だけれど、特に生活に困るということもないし、僕個人としては満足している（妻は知らないけど）。働き方も自分好みだし、わがままだから、やりたいと思ったことだけやっている。その上で、生活に必要なお金があるのだから、それでいいじゃんって思っている。

たぶん、こうして納得できるのは、仕事を含めた自分の生活と、生活水準に隔たりがないからかもしれない。子供を持ったりしたら、もう少しお金が必要になるのかもしれないが、試算をしてみると、ボチボチやっていけるのではないかと思う。そもそも、物欲に乏しい僕にとって、大量のお金があっても使いどころが思いつかない。

貨幣経済の日本では、お金がなくては基本的な生活を維持することは難しい。完全自給自足といっても、電気代や水道代を収穫物で支払うわけにいかないし、農地だって私有地なら固定資産税を支払わなければならないのだから、お金は必要なのだ。

僕が個人収入にそれほどこだわりがないのには、いくつかの理由がある。ひとつは、百%とは言えないけど、いまの事務所が明日、倒産（解散）をしてしまっても、これまでに出会った人々に対して失業宣言をしたら、誰かしら声をかけてくれるのではないかという無根拠な自信があること。僕は、僕なりに〝ひととのつながり〟には敬意を払ってきた自負がある。名刺やメールの数ではなく、意識の比重をそこに置いてきたのだ。自分の人生のリスクヘッジとかいう考えではなく、たぶん、ひとが好きだったからだと思うが、とにかく、そうしてきた。だから、根拠を挙げることはできないけれども、僕の失業宣言には、誰かしら〝おせっかい〟を焼いてくれると思う、というより、信じている。

ふたつ目は、事業を立ち上げた当初からの目標がいまも僕の中で明確なこと。僕のポジションは若者を現場で直接支援するものではなくなってきているけれども、最初から自分は現場の一線で支援をするには不向きだとわかっていた。得意ではあるのだけれども、不向きなのだ。まあ、理由はいろいろあるのだけれども。

若者支援という分野に限らず、ひとを支援する事業においては、現場の最前線で活躍する方々の賃金は総じて高くない。介護、看護、カウンセラーの仕事をされている方々に聞くと、一部のカリスマと呼ばれる人間以外は、それだけでは生活が成り立たないくらいの賃金だと言う。職種や担当によってはかなりの体力を必要とすることが多いので、いつまで続けられるのかわからない不安を抱えていることだってある。

ＮＰＯの職員も似たようなものだ。そのような、現場の方々がいなければ成り立たない事業にあって、そこで活躍される方々が、人並みの生活ができ、かつ、生涯に渡って継続的に活動できる状況を作りたいと思っている。その目標達成のためには、僕の〝取り分〟を増やすよりも、事業や物、人材へ投資をしていったほうが、〝楽しい〟し、それが少しずつできるようになってきているのが〝うれしい〟のだ。

もうひとつ理由を挙げるとすれば、僕は自分なりに、現在の状況における最低ラインの生活コストを意識していることだ。生活コストは、いわゆる、最低限必要な費用だけれども、家賃や食費、その他の生活費に加え、各種税金などを念頭に置いている。当然、そのようなことは誰でも意識していると思うけれども、この感覚さえ持っておけば、気がついたら生活が危うくなっていたなどという状況にはならないはずなのだ。

近頃、僕は中学や高校から講演の依頼が増えている。講演依頼の内容は大きくふたつあり、ひとつは、学生さんが卒業後の進路をちゃんと考え、選択をしていけるようになるための話。もうひとつは、卒業後や将来に渡って、ニートやフリーターにならないようにする話だ。講演の依頼はスケジュール調整可能であれば、出来る限り受けるようにしているが、中学生や高校生に対しての、この内容の依頼は気乗りがしない。僕が中学や高校に在学していたときには、それほど深く進路は考えていなかったし、希望や憧れの職業も日替わり定食のように、いつも違った。また、ニートやフリーターは、確かに一度なってしまうと、次のチャンスをつかむことが難しい場合もあるけれども、こうしたらニートにならないとか、こう考えたらフリーターを選択することはない、というようなことはあり得ないと思うからだ。

だから、中学や高校でお話させていただく機会があると、お金の話を積極的にしている。一人暮らしをする場合の生活コストがどれくらいかを考えてみさせたり、なかなか学ぶ機会のないお金に興味が涌くように、話の内容を構成している。

話を受けての感想文を読ませてもらうのだけれど、結構、評判がいいことが多い。夢を追うこと、お金持ちになること、起業することを強調した方がウケるだろうし、学生の満足度は高いと思っていたのであるが、それよりも自分の身近なこととリンクさせて、お金について知る機会が少ないのか、評判は悪くない。

たぶん、学生だけではなく、若者も大人も、もちろん、僕も含めて、「お金はあるにこしたことはない」と思っている。ないよりはあったほうがいいし、あって困ることはほとんどない。それは真実だ。一方、最低どれだけあれば、自分の生活は守れるのか、自分らしく生きることができるのかを理解しているひとはどれだけいるだろうか。特に、サラリーマンや公務員などのように、各種税金などが額面金額からすべて引かれ、手取額をそのまま受け取った経験しかないひとには、最低ラインを知ることは難しいと思う。反対に、社会的には不安定就労と認識されている、フリーランスの方々や、個人で事業を営んでいる方々は、毎年やってくる確定申告などを経て、お金に関する知識を蓄積していく。これはとっても大事な経験だ。なぜなら、お金の側面から、シビアに生活をとらえることが可能になるからだ。お金に関する知識を持つ事は自分を、自分の家族を守れる道具を獲得したようなものだ。対極的に見れば、お金について知ることが難しい働き方のひとびとより、よっぽど安定しているのではないだろうか。

生活していくにはお金が必要だ。貨幣経済では、間違いなくお金がないとシンドイことが多くなる。ただ、お金を持つことがイコールで幸せとか、充実につながるかどうかはわからない。それを得るためにリスクを負ったり、体を壊したりしたひともたくさん見てきたからだ。それでも、自分や家族を守っていくために、お金について考えることを避けてはならないと思う。あったらあったなりの、なければないなりの悩みや苦労はあるかと思うけれども、お金について考えることにお金はかからない。今後、僕らが価値のあるものと信じる、お財布にある紙や鉄（金・銀・銅）がどれほどの価値を持っていくのか予想するのは困難だが、いましばらくは、これを中心に僕らの生活は形成されていくだろう。だから、いまからでもお金について学ぶ必要がある。自分を守るために。

家

僕にとって、家とは学びの場です

僕は若者の自立支援を生業にしている。「事業を始めてどれくらいですか?」と聞かれると、任意団体設立から現在までか、法人化してから現在までの期間を答える。しかし、どれくらい若者支援に関わっているのかと聞かれると、二十八年と答えることもある。

二十八歳の僕が、二十八年間支援をしていますと答えると、この仕事が天職で、生まれながらにこの仕事に従事することが定められていた人間であると宣言しているような、傲慢な人間の言葉に聞こえることがあるらしい。しかし、事実として若者支援に関わっている期間は、(この仕事を辞めない限り)僕の年齢とイコールなのだ。

僕の両親は、僕が生まれる前から、かれこれ三十年くらい若者の自立を支援する事業を行なっている。当時の状況は知る由もないけれども、全国的に見ても稀有な仕事だったのではないかと思う。いろいろ変遷はあるのだが、NPO法人青少年自立援助センターという名称が一番、知られるところだと思う。

いまでこそ、「若者の自立を社会全体で応援しましょう」という雰囲気ができあがっているけれども、学校へ行けなくなったり、職業社会にうまく入って行けなかったりした若者を支援する団体はほとんど存在していなかったのではないだろうか。自宅が遠方にあるような家庭の子供の場合は、僕の家族と生活を共にする必要があったくらいだから、地元にそのような支援をしてくれる団体など存在しなかったような時代だったのかもしれない。

普通、家族はお父さんとお母さんに、自分(兄弟姉妹)、それに祖父母で構成されていることが多いと思う。でも、僕の家は違った。朝起きると、食事をする場所には大勢の若者が朝食を食べていたし、小学校から帰宅すると、たくさんの〝お兄さん〟、〝お姉さん〟が勉強をしていたり、仕事に就くための研修をしたりしていた。夕食時間は、十名とか二十名で食卓を囲んでいたし、食後も方々でそれぞれ自由時間を過ごしていた。テレビに興じたり、仲間と談笑したりして過ごしていた。そのような自宅だったので、必然的に、父親はみんなの父親であり、母親はみんなの母親であった。

部活を始めた中学入学時くらいから、家の事業に触れる機会が減少していったのだが、共同生活という事業スタイルはそのままだった。共同生活型の自立支援に、ひとの入れ替わりはツキモノである。新しいひとが（僕の家に）入ってくるし、復学したり、仕事に就いたひとは、（僕の家から）出て行くのだ。仲良くしてくれそうなひとが来ると嬉しいけれど、仲良くしてもらったひとが出て行くときには悲しい。出会いと別れが、日々、存在する空間は意外とシンドイ。鮮明な記憶としては残っていないが、小学校高学年くらいはそんな別れが本当に悲しかったように思う。

僕は就職活動をしたことがないので、実際に面接を受けたりしたことはないのだけれども、仮に僕の長所を聞かれたなら、きっと「私は、ほぼ誰とでも円滑な人間関係を築くことができます。また、ストレスを溜めることなく、自然に他者を気遣うことができます」と答えるだろう。

どこの誰かもわからないひとが、その瞬間から同じ屋根の下で暮らすことになるというのは、考えようによってはドラマチックではあるが、大変なことが多い。今日から他人の家で暮らすことになるってどういうことか。自らの意志で決断したとはいえ、僕の家はそのひとにとってみれば完全なアウェー。トイレがどこにあるかだってわからないはずだ。不安の色は隠せない。「ああ、このひと緊張しているな」というのも、わかるというより、感じることができるようになった。

また、(もしかしたら、全部、無意識だったかもしれないけれど)きっちりと物事が判断つかない年齢なりに、新しく〝家族〟になったひとと、どうしたら打ち解けられるのか、仲良くなれるのかをいつも模索していたと思う。初めて出会った人間同士が打ち解けることを、「アイスブレーク(氷溶解)」と言うらしいのだが、どうしたら人間関係の間にある氷を溶かすことができるのかを、実生活の中で学んでいける環境にあった。世の中に、こんな状況下で育った人間はそれほど多くないと思う。気がつけば、誰とでも〝それなりに〟うまくやっていける術を身につけていたのだ。テクニックを学んだわけではないので、百%ナチュラルなのである。たまに褒められるが、どうしたらいいのかという質問に対して、ナチュラルなものだから言語化して伝えることができずに困ることもある。コミュニケーション能力が高いと言われる一方で、それだけは伝えられないのだから、本当はコミュニケーション能力は低いのではないかと思うこともある。

「職場は気を遣うから疲れる」とか、「他者と一緒にいるとストレスが溜まる」と愚痴る友人もいるが、昨日まで赤の他人であった人間と同じ屋根の下で生活をするのだから、気を遣って当たり前だろう。気遣いと言うと、何か相手のために自分を犠牲にして奉仕するイメージがあるが、狭い空間で血の繋がらない人間が一緒に暮らしていれば、〝それなりに〟個性を理解しつつ、〝それなりに〟距離感を持っていれば、トラブルになることもないし、うまくやっていける。

ここらへんの感覚も、稀有な環境に育つと、特に意識することなく備わっているらしい。工藤さんは他者との距離感がいいと、二十八年間で二回も言われた。通常、目の前にいる人間の距離感をあえて褒めたり、叱ったりすることはないだろうから、やっぱり、それなりに距離感というものを持っているのかなと思う。ただ、アイスブレークと同じように、どうしたらいいとか、こうすれば大丈夫といったことを言語化して表現することがうまくできない自分にジレンマを感じることもあるのだ。

僕は留学時代に会計学と出会い、金融や証券関係で働きたいと思っていたので、若者の自立支援を生業にすることなど毛頭なかった。むしろ、やり甲斐はあるけれども、それで生活していくことの大変さは肌で知っていたくらいだから、いまの仕事に就いたことは驚くべきことなのである。僕の実家を良く知る人たちからは、生活環境から学んだことがそのまま仕事に活かせるのは素晴らしいことだと言われる。確かにそれは事実だし、我ながら幸運だったと思う。人間関係を比較的うまくやっていけることは、仕事云々はもちろん、生きていくなかでラクなことが多い。

もし、いまの仕事の中で、僕の特徴を最大限活かせるとしたら、日々、人付き合いが苦手な若者に、テクニックでも、飾った言葉でもなく、一緒に付き合っていくなかで、何かを感じ取ってもらえるかもしれないということだろう。

他の家庭はどうなのかはわからないけれども、僕は自分の家庭からかなり多くのことを、自然に学ばせてもらった。学んだ成果をうまく伝えられないのはもどかしいけれども、それはこれからの宿題としたうえで、僕の両親や妹だけでなく、広義の家族にも感謝をしているのだ。ありがとー

2

他者の育て上げ

ワカモノの自立を支援する

二〇〇二年初旬、僕は〝若者支援者支援〟を仕事にすることに決めた。聞き慣れない言葉かもしれないが、本当はとても重要な考えだと思う。企業が僕らに商品として提供するサービスと、行政から僕らが納税者として受けるサービスには隙間がある。利益をあげることが難しく、かつ、行政が行なうと効率が悪かったり、公務員の採用人数を増やさなければならなかったりと、結果的に大きなコスト負担になってしまいがちなものだ。例えば、介護や福祉、町作りや子育て支援などがそれにあたる。その隙間を市民活動団体やNPO団体が、〝想い〟や〝やりがい〟をエネルギーにして埋めているのが現状だ。そして、そのエネルギーの枯渇が顕著なのが最前線で奮闘するひとびと、つまり、ボランティアスタッフや支援者だと思う（以下：支援者）。

もちろん、エネルギーの枯渇は隙間産業的なところだけではない。工場のラインワーカーや、派遣会社のコーディネーター、学校の先生の中にも、全速力で駆け抜けた結果として、燃え尽き症候群的に動けなくなってしまう若者が増えているのではないかと思う。僕の知人にも、休職中であったり、自分を守るために離職をして失業状態にあるひとは一人や二人ではない。生きるためのエネルギーが不足してしまったため、いまは充電期間中なのだ。ただ、自転車も漕ぎ出しが一番力を使うように、再び動き出すには大きなエネルギーが必要である。

現実的に、前者は支援者、後者は労働者であると僕は考える。市民活動やＮＰＯ団体の大半は、後者のように、生活費を稼ぐことを最大の目的としていない。一方、労働者のエネルギー枯渇には、過剰労働や〝やりがい感〟の喪失が理由としてあげられることが多い。これ以上、仕事をしていたら体が壊れてしまうとか、自分が何のために仕事をしているのかわからなくなった、ということを離職者から頻繁に聞く。つまり、現状に失望してしまうのだ。だから、未来のために〝いま〟に変化を求める。

一方、支援者はどうだろうか。そもそも、活動や仕事の内容に不満を持っていたり、興味がなかったりするようであれば、初めからこのようなところに足を運ぶ事はないだろう。バリッとスーツを着こなし、メールと携帯電話を必需品とし、高層オフィスの45階で日々、会議を行なうことは想像しづらく、どちらかと言えば、スーツよりジーンズ、メールより対面、携帯電話より大声、高層オフィスの45階で会議というよりは、地域のシャッター通りの一店舗を事務所にして活動するのだから。

コストの観点からサービスが受けられない、または、受けにくい状況にある地域やひとびとにとっては、このようなところでも生き生きと働いてくれる支援者の存在はとても心強いのではないかと思う。また、企業にしても、行政にしても、そのような支援者の存在により、新たな付加価値を持ったビジネスやサービスの展開が可能になったり、社会貢献企業としての役割を果たしやすくなったり、負担に負担を重ねるコストの問題を解消できたりするのではないだろうか。しかし、これらはすべて支援者のエネルギーを食い潰しているのである。

NPO法人地域活動協働協会のパンフレットに、NPOの現状がよく説明されている。

ＮＰＯ法人の認証数は二〇〇四年度末には二万団体を越し、更に増え続ける傾向にあります。しかし、活動が停滞して休眠している団体、事実上解散してしまっている団体などが数多くあるため、市民活動が活発になっているとは一概に言えない状況となっています。

（中略）

ＮＰＯは規模が小さいだけでなく、年間の予算が百万円を割る団体が七割近くあり、このグラフでＮＰＯの経済基盤が脆弱であることが分かります。

パンフレットを見ると、年間の予算が１、０００万円以上ある団体は一－二割といったところである。おそらく、この１－２割のＮＰＯの中の大半は、介護や福祉の分野で活動されている団体であり、その活動は行政との連携、つまり、補助金なしでは運営が難しいのではないかと思う。ＮＰＯ法人「育て上げ」ネットは、介護とも、福祉とも異なる分野で活動している。職業社会に一歩踏み出すことに躊躇してしまうような若者が、自分自身の力で経済的に自立した生活を獲得する力をつけたり、きっかけを見つけたりすることを応援している。分野的には労働や経済に近い部分の活動となる。つまり、ある若者が登録をしたからといって、ひとり頭一月いくらと補助金がおりることはない。現在のところ、年間の収益は、１、０００万円ということはないが、外に向かって胸を張れる額でもない。それでも、僕にはこの事業を継続するにあたっての目標がある。目標があるから、毎日、楽しく仕事をしていられるのかもしれない。

若者を支援する団体の理事長をしているとなると、誰からも無条件で、若者を支援することに生き甲斐を感じている人間だと思われる。この活動を始めた当初、いまから五年前くらいには、若いのに偉いとか、素晴らしいと言われることもあった。しかし、僕の目標は、若者を支援することが偉いとか、素晴らしいものかどうかにかかわらず、ずっと別のところにあった。

まず、客観的に考えてみても、僕の〝若者支援力〟は高くない。むしろ、低いくらいだ。現場支援者としては、（職員の）山本君の受容力はない。宮城の他者のふところに〝ふいっ〟と入る感覚もない。久保田君の丁寧な対応力もないし、古賀さんのように、一歩を踏み出させる最高のタイミングを見計らって背中を押すこともできない。大村君のような、周囲を引っ張っていく力強さには憧れすら抱く、加藤さんのような調整力、バランス感覚もない。無条件に頼られる力を有する、事務局長の石山さんの知識と経験に支えられたおおらかさはうらやむばかりだ。もちろん、現場で支援に関わるひとびとと比べても、僕の支援力はイマイチだ。それでも僕が現場に入ったときに何とかなっているのであれば、それは僕が育った環境で無意識のうちに培われた〝貯金〟を食い潰しているようなものだろう。ただ、僕はこの支援力のなさを悲観しているわけではない。むしろ、僕が掲げる目標を達成するためには、支援力を持つ職員が最前線にいられる状況でなければならないのだ。

僕が若者支援を仕事にしようかどうか迷っていた頃、全国には一体どれくらいの若者支援団体があるのだろうかと気になったので、個人的に調べてみたことがある。若者支援団体といっても、小学生を対象にしているところから、三十代を対象にしているところまであるだろうし、どこまでを自分の調べる若者支援団体として含めるのかを、厳密に定義したわけではないが、とりあえず、介護と福祉分野がメインとなっているところを入れずに、出版物とインターネットを活用して調べてみた。そうすると、意外にも多く、八百団体くらいまでは確認することができた。単純計算で各都道府県に約十七の若者支援団体があることになる。

まずは、団体数に着目して調べていたものだから、意外に多い団体数に安堵感を抱いたくらいだ。本当だったら、競合する団体は少ないほうがいいだろうし、ニッチな部分として若者支援を捉えていたのであれば、むしろ予想以上の多さにショックを受けるべきだったのかもしれない。しかし、当時の僕はなぜか安堵した。もしかしたら、金融・証券の世界で働きたいと考えていた自分の進路変更に大きな不安を抱えていたからなのかもしれない。だから、周囲に似たようなことを考えるひとびとが存在することを知ることで、〝少なくとも〟まったくおかしな選択をしてしまったわけではないと、自己肯定をしていたのかもしれない。

団体数を絞り込んだ後、僕は出版物とホームページの情報を頼りに、団体の規模や活動歴などを調べていった。一番大きな業界団体が、一体どのような規模で活動を継続しているのかを知りたかったのだ。当面はそこを目標にしていくつもりだった。しかし、ここで僕はショックを受けた。ページをめくれども、めくれども、最大どころか、最小記録の更新が進むばかり。ネットで公表されている情報も似たようなものだった。職員数には一桁の数字が並び、ボランティア数や会員数を含めて何とか数字が二桁になるくらいだった。もちろん、小規模で質の高いサービスを提供することもできるが、立地や収入源(月額負担金や会費)から大体の事業規模を推計していくと、年間の収入もそれなりに想像がついた。結果として、最大の目標団体だとわかったのが、僕の父親の団体であったとは、ただただ何とも妙な気分なのである。

さきほど例に挙げた、地域活動協働協会の現状にあったように(それよりも数年前だが)、チャレンジするには悲観的にならざるを得ないデータばかりが頭に蓄積されていった。

僕は、規模の大小に関わらず、興味のわいた支援団体に、このような内容の質問をしてみた。

①対象とする若者層

②職員の給与
③財政収支と財政基盤
④課題

どこの誰とも知れない人間から、このような団体の内部情報について、丁寧に答えてくれるところなどほとんど皆無だった。いま、僕が同じような質問をメールで受けても、相手の品位を疑うだろう。それくらい失礼なものだ。ただ、そのときは本当に知りたかったので、非礼とは思いながらもメールを送るときは「コピペ」でいくつかのメールを送った。記憶は曖昧だけれども、三十通程度送ったと思う。ビジネスマナーなど、まったくなかった頃で、メールの件名に「教えて下さい」といったことを書いた気がする。いまなら、件名を読んだ瞬間に迷惑メールと判断されてもおかしくないかもしれない。もちろん、質問内容は迷惑　この上ないのだけれど。

返信されて来たメールは二、三通だった。一通は、誰がどう読んでも抗議というか、お叱りのメールだった。覚えているフレーズには、「あなたのようなひとに教えることは、何一つありません」というのがあった。すぐさまお詫びのメールを出したが、すでに僕のメールアドレスは「受信禁止」に設定されていた。ほんの一時間程度の間にだ。逆ギレ的に腹が立ったが、素直に反省もした。
少ない返信メールの中に、僕の目標を決定付ける内容が記載されていた。職員の給与などは、「お答えできません」とあったのだが、④の課題のところで、おおよそ、このような文章がつづられていた。

これまで長い間、若者を支援してきましたが、二十代に採用した職員のほとんど全員が、三十歳を目前に将来を考えて辞めていきました。結婚を期に退職していった者もいます。彼らは仕事内容に不満があったわけではなく、生活のために仕事を離れざるを得なかった。そういう職員を生まないことが課題です。

僕は、若者の経済的な自立を支援することを仕事にしたいとは思ったけれども、その中でも、自分が目指すべきものは何なのかを、このとき初めて理解することができたのではないかと思う。それは、現場で若者を支援する支援者が将来の生活に不安や心配を抱える必要がなく、やりがいを感じている支援に百％集中できる職場環境、財政基盤を作ること、作れる人材こそが、若者支援に求められているということだ。事実、若者を支援することが好きで好きでしょうがないひとはたくさんいる。

しかし、支援をしても、支援をしても、自分自身の給与があがったり、生活水準が向上したりすることが難しいとなると、そのやり甲斐を核に放出されてきたエネルギーが生産されにくくなる。結果、どこかでエネルギーが枯渇してしまうのだ。お金がすべてではないけれども、やはり、この現状を抜本的に打開するためには、強い財政基盤、つまり、お金が必要なのはあきらかである。

年収三百万時代というフレーズが流行ったりもしたが、実際に若者支援の現場職員として働いていて、年収三百万円以上の稼ぎがあるひとがどれくらいいるだろうか。きっちりとボーナスがあるところは稀かもしれない。もちろん、本当に年収六百万円以上なければ家庭単位で生活ができないのかと言われれば、できないこともないだろうし、お金がないから不幸せな生活にはならないけれども、それでもないよりはあったほうがいい。そもそも、年収とか月給とかと、自分のやりたいことや、自分らしい働き方（個人的にはあまりこのフレーズは好きではないのだが）を天秤にかけなければならないようなこと自体に疑問も感じるのである。働くことが、仕事が楽しくて、お金も入ってくれれば一番よいのに、いつの間にか、二兎を追うことは初めから不可能といったムードすら感じるのである。

そもそも、企業は売り上げや利益の話をするのが当たり前であるのに、市民活動とかＮＰＯなどの間では、あまりお金の話は公にされない。喫煙所や休憩所ではボチボチ話をするのだけれど、その手の話をすると、あまりよい顔をされないこともある。どこの世界でもあることだけれども、何をするにしても元手は必要なわけだが、財源の話となるとそれまで活発だった議論がピタッと止んでしまう。

横のネットワーク、行政との連携、プログラムの充実、団体のＰＲの話では、とても素晴らしいアイディアを出される人たちがいて、実践例も豊富であったりする。それはそれでとても大事なことだ。きっちりと考え、実行していかなければならない。しかし、どれもこれも財源があってこその話であって、紙一枚買うのにも経費はかかる。それを手弁当の持ち出しでやる気持ちは素晴らしいけど、大抵、持ち出しをするひとは限られていて、いつの間にか、それが当然であるかのようになってくる。それでは、想いを持って集まったひとびとは引いてしまうことだってあるだろう。

ひとのつながり、協働、共生の理念は僕も嫌いではない。できれば、皆が力を併せて、幸せになれるのが一番だし、それをいつも目指していたい。ただ、そのような話を心からできるのは、やはり、生活に困らない状況にあるひとに限られるのではないだろうか。空腹でありながら、目の前のスープを他人に喜んで提供できるひとは少ない。本当に余裕がないとき、喜んで他人と食べ物を共有できるだろうか。そうしたほうがいいとか、そうするべきだというのは僕もわかるが、実際にその状況になったら、本当に求められている通りの行動ができる自信はあまりない。やはり、自分の生活の安定があってこそ、心から他人を思い、支援を継続していけると思う。

夜、僕と職員とで話をしていると、笑えない笑い話があった。支援プログラムを利用していた若者が、仕事ができるようになって、かれこれ三ヶ月間、休むことなく働き続けていると嬉しそうに報告に来てくれた。ちょっと職場の人間関係で悩んで、フラッと事務所に遊びに来ると、気の知れた職員だからこそ、本音で愚痴をいって、すっきりして翌日からの仕事に精を出してもらうようなフォローをする。そのようなフォローアップ事業をやっていると、必ず笑えない話の終わり方となる。

ほとんどの若者が、長期に渡って働いていなかった、つまり、給料といった形で収入を得ていない状況だったわけであるから、アルバイトでも、派遣でも、正社員でも、一ヶ月分の手取額というのは、かなり高額と受け取れるのだ。十万円とか、十五万円とか、確かに経済的自立を確実なものにするには金額的に少ないと言うひともいるかもしれないけれども、これまで無収入に近かった二十代、三十代の若者にとっての金額は相対的にとんでもない額なのだ。自分の汗水流して稼いだお金だから、誰に気を遣うことなく、誰の目を気にすることなく、散財するもよし、貯蓄するもよしなのだ。自分の収入についての喜びの話を聞くのは、働けていることに自信を持てるようになった姿を感じる次くらいに嬉しいものなのだ。

しかし、その賃金の額が僕らの月額収入よりも多いことがしばしば、いや、頻繁にある。倍額ということはないけれども、同額かやや上だったりすると、その場は笑って話が終わるが、職員だけのミーティングなどでその事実が公表されると、各々、どこかで凹むのだ。そして、「俺たちよりも……」と自嘲気味に話をしたり、「とうとう俺たちを超えたか……」と自虐的に遠くを見つめてみたりする。遠くで子どもの明るい笑い声がすると、少し悲しくなったりもする。

支援活動に取り組んでいると、このようなことによく出くわす。公務員だったらとか、企業の社員だったら、などという話も冗談でする。ただ、冗談で話をしていられるのも、二十代のうちなのだ。三十歳も近くなると、あまり笑っていられない。結婚という人生の岐路に立ったり、共働きの家庭に新しい命が宿ったり、ちょっとした病気で短期の入院を強いられれるときなど、生き甲斐ややり甲斐、やりたい仕事云々ではなく、長期的なスパンで生活を考える機会が巡ってくると、誰もが不安に陥るのだ。このままで生活を続けていけるのであろうか。家族を養っていけるのであろうか。老後はどうなるのだろうかと。そして、これまで心の片隅に追いやって、目の前の仕事に忙殺されることによって考えないようにしてきたことに直面したとき、支援者の中にはそこから去る決断をする人もいる。これから自立を目指して一歩を踏み出す若者を支援することから、自分や家族の安定的な自立を獲得するために働く場を変える。

団塊の世代がいっせいに引退し、非労働力人口が労働力人口を上回るとされている二〇〇七年問題で取り上げられるように、これまで第一線で活躍していた人材が抜けるのは、想いや経験の伝承という意味でとても大きな損害となる。百人若者がいれば、百通りの支援方法が求められるなか、応用可能な知識と知恵を持った人材が去るのは、大袈裟かもしれないけれども、国家的な大損失ではないかと思うくらいだ。支援者の引退はもっと早い。三十歳という区切りで、多くの支援者がこの業界から去っていく。僕はこれを「支援者三十歳問題」と捉えている。

居酒屋では、少々アルコールの入った年配の方が、直属の部下と思わしき若者に対して、「俺はこの業界ン十年」などと講釈をたれていることがあるが、それを聞くたびに、とても羨ましく思う。僕の業界では、三年で中堅、五年でベテラン、十年で長老くらいのスパンで支援者がとらえられるからだ。その意味で、東京のＮＰＯ法人青少年自立援助センターの理事長である工藤定次氏（僕の父親）や、神奈川のＮＰＯ法人子どもと生活文化協会代表の和田重宏氏、富山のＮＰＯ法人北陸青少年自立援助センターピースフルハウスはぐれ雲理事長の川又直氏などは、この分野で働く若手からすると、手の届かない雲上の人物なのだ。なにせ、十年を遥かに超えて、いまもなお活躍しているのだから尊敬しない理由はひとつもない。これらの方々が、若者支援の分野における重鎮であり、先駆者なのだ。当然、目標は追いつき、さらに追い越すことである。

僕が考えるに、若者と就業支援、若者と自立支援という国の根幹を成す課題に対して、明確な方向性の提示や、一定の解決方法が明示されないのは、先人が蓄積した知識や経験、知恵が蓄積されない構造上の問題なのだ。若者は社会の変化に呼応して、ある部分では急激に、ある部分ではゆるやかに変化している。例えば、ポケベル、ケータイ、インターネットの登場で、若者の情報伝達手段は急激に変化した。また、バブル崩壊、企業のグローバル化、産業構造の転換によって、仕事に対する考え方も、生活のために働くのは当たり前という価値観から、どうせ働くのであれば自分が納得いくような形で働きたいという価値観に変化した。

一方、昔からいままであまり変化をしていないような若者の姿もそこにある。例えば、社会というものに対する〝漠然とした不安〟と〝根拠のない自信〟はいつの時代の若者も有していた気質ではないだろうか。個性的であろうとしながらも、似たような仲間が近くにいなければ、孤立感と不安感にさいなまれてしまう反面、何が起ころうとも、自分だけは大丈夫だろうと、根拠なく〝楽天的〟に思えてしまうような気質は、いまも昔も変わらず、いつでも社会や大人から見たら、〝最近の若者は……〟なのだ。

つまり、社会や大人から見ると、若者というのはいつでも危なっかしい存在なのである。それで働いていけるのか、それで自立できると思っているのか。このままでは、自分たちが支えてもらう側になったとき不安であったり、国の行く末が心配でしょうがなかったりするから、やはり、若者を支援していこうじゃないか、という機運が継続して存在する。そのとき、支援者三十歳問題が解決されていなければ、(社会や大人が考える)支援されるべき若者というものを、絶えず、新しい時代の象徴として捉えなおし、いちからその支援方法などを議論していかなければならないことが繰り返され続けるしかないのだ。本当に、国家レベルでの損失(無駄)であるといつも思う。モッタイナイのだ。

先ほどの若者支援者御三家(工藤氏・和田氏・川又氏)の世代を、僕は支援第一世代と捉えている。まだ、NPOとか、市民活動といった概念が日本に定着するずっと以前から、バブル景気に日本全体がウカレていたときも、一貫してその時代の若者を支援し、育て上げて来たパイオニアだ。とても貴重な、生きる「若者支援百科辞典」のようなひとびとである。この世代に対して、本来であれば、三十代後半から四十代後半くらいまでが第二世代と呼ばれる支援者であるはずなのだが、その第二世代の支援者と出会うことはこれまでほとんどない。僕が知るところで、パッと思いつくのは、僕の団体の事務局長である石山義典さんと、NPO法人淡路プラッツの田中俊英氏くらいだ。もちろん、全国には僕の知らない支援者第二世代に該当する方々はもっといるのだろうが、あまり耳にするチャンスがない。

僕は、僕を含めた二十代前半から三十代前半の若者を支援している若者を第三世代と区分している。言ってみれば、これから「支援者三十代問題」に突入するものと、まさに渦中にいるものである。

去る二〇〇六年三月下旬、とある土曜日、日曜日を使って、「わかもの現場支援者研修セミナー」を開催した。セミナーを構想したのは開催から半年前の大阪だった。僕は、財団法人大阪生涯職業教育振興協会の職員であり、友人である井村良英君と、大阪に出張する度に、彼の自宅のベランダで煙草を吸いながら、何か面白い企画はないかと頭をフル回転させている。東京と大阪で似たようなイベントを、実現可能な範囲で考えている。実現不可能なことは、寝ているときによく見るので、そのベランダでは実現の可能性が高い企画をする。どれくらいの企画を考え、これまでにいくつくらい実行に移してきたのかは覚えていない。けれども、実現したときは本当に素晴らしい出会いや充実感がそこにはある。両方とも、穏やかに企画は立てつつも、僕は東京で、井村君は大阪で先んじてやろうと考えているものだから、かなり高齢な子どもの競争状態になるのだ。

話を研修セミナーに戻そう。まだ寒さの残る三月に、全国各地に点在する二十数団体、約三十名が東京都立川市に集まり、一泊二日の研修会を開催した。研修会の内容は割愛するが、僕は懇親会を含め、三次会まで参加した。あとから聞いた話では、四次会も催されていたらしい。その懇親会の最中、三十歳前後に差し掛かった同世代の支援者の数名が今後の見の振り方について悩んでいるという話を受けた。悩んでいたというよりは、苦しんでいたというほうが、リアリティーがあるかもしれない。若者を支援していくうえでの学びや相互研鑽の場が目的であったにもかかわらず、若者を支援する支援者が、支援者であり続けることに不安を抱えていた。国をあげて若者の就労や自立を支援していこうではないかという機運が高まってきているこの時代にである。支援をするにも、支援ノウハウを蓄積した支援者がいないような本末転倒な状況になりかけていることを、一体どれくらいにひとが知っているというのだろうか。

二〇〇四年、「ニート」という言葉が日本に紹介された。一応、簡単に説明すると、英国発祥の言葉であるニートとは、「Not in Education, Employment or Training」の頭文字を取った造語で、若者の状況を示したものである。学校に所属していず、職場に所属していず、職業訓練の場に所属していない状況にある若者を指している。なんだか、いきなり彗星のごとく現れた若者という印象を受けたひともいるが、これまでずっと若者支援の現場にいた若者のことである。この言葉が流布したことで、僕はたくさんの取材を受けることになった。取材の中で、個人的な部分として聞かれることが多かったのが、

①ＮＰＯを起業した理由
②若者支援の課題
③活動上の喜び

である。記事や映像になるか、ならないかは別にして、ここらへんの質問はほぼ確実に聞かれる。そして、決まって以下のような回答をする。

①スーツ・満員電車・高層ビル勤務以外の条件で絞り込んだ結果がＮＰＯ起業だった
②若者支援者に経済的な安定をもたらすこと
③職員の給与を増やせたとき

言うまでもないことであるが、支援している若者が仕事に就き、経済的な自立を獲得することは大きな喜びである。しかし、何度も繰り返しになるが、最大の課題はどうしたら若者支援をする支援者が、長期に渡って安定した生活を維持できるのか、ということである。既に自己分析したとおり、僕自身の〝若者支援力〟は高くない。うちの職員と比べて突出している部分は、現場の支援に限っては悲しいくらいに見当たらないのである。

一時期は、自分の支援力の低さに（少々）悩んだこともあったが、いまでは自分の目標と役割というものを決定し、受け入れているため、それについて考え込むようなことはない。それに、そんな余裕もない。いつでも、どうしたらもっと若者を支援できる環境を充実させることができるのか。目の前にいる若者と職員を幸せにできるか。もちろん、自分が幸せになれるかについてもしっかりと考える時間を作るようにしている。

ただ、僕の頭のスペックでは、どれだけ考えても、目の前の若者を支援している〝だけ〟では、財政基盤を強固なものにしていくことが難しい。支援者はその最終目標（僕の団体では若者に経済的自立を獲得してもらうこと）に向かって、日々、試行錯誤しながら活動をしている。社会と関わることが難しかったり、職業社会に一歩踏み出すことに不安を感じていた若者がみるみる成長をしていく姿、「人間、ここまで変わるものだろうか」と驚きと感動を覚えるのである。

しかし、事実として、その若者は団体運営を維持していくための収益をもたらしてくれるお客様でもある。僕ら民間団体は、そのお客様への支援サービスの対価をいただいているわけで、団体に参加、または、登録する若者なしでは生活できないのである。つまり、目標は団体によって異なるが、ある若者が元気になったり、仕事に就いたりすることで、言わば、その団体の支援プログラムからの卒業である。そのために日夜、どうしたら若者が前に進めるのかを考えている。彼ら／彼女らは、卒業にあたり満面の笑みで「ありがとう」を言ってくれる。この一瞬のために支援者のみならず、家族、地域の方々が協力体制を作っている。

ここに支援団体は大きな矛盾を抱えることになる。例えば、僕が自分でデザインした洋服を販売するショップを持っているとする。経営者である僕の願いは、お客様が僕のデザインした洋服を気に入り、それを購入することである。そして、末永く、その洋服を着続けてくれることであり、度々、ショップに足を運んでくれればいいし、友人や恋人を連れてきてくれれば大成功である。僕が経営するショップが提供するサービス（洋服）をお客様が購入し、リピーターとして何度もショップに来てくれる。友人を連れてきてくれたり、口コミでショップの情報を広げてくれる。僕がお客様の満足いくサービスを提供すればするほど、お客様の数や売り上げがあがることになる。だから、もっと努力をしようと思えるのだ。

では、若者を支援する団体ではこのモデルは成り立つだろうか。答えは、残念ながら「とても難しい」と言わざるを得ない。特に、いまの僕の知識や発想では、支援プログラム単体で、例にあるような状況を作れない。なぜかと言えば、お客様である若者が支援プログラムであるサービスを活用し、社会参加ができるようになる。つまり、こちらのサービスに満足したとする。その若者は再び、支援プログラムを活用したいと思い、リピーターになるだろうか。たまに遊びに来てくれることは大歓迎だけれども、「もう一度……」と言われたら、何かあったのかと思ってしまう。

また、僕の団体の支援プログラムを活用する若者に限って言えば、利用を決意した時点では、比較的、孤立気味の状況にある場合が多い。学生時代には活発で、友人に囲まれていたけれども、何らかの理由で友人とうまくいかなくなったとか、受験に失敗してしまったとか、職場で馴染めなかったりとか。他人が軽々しく「わかる」とか、「よくあるよね」と言えないくらいに傷つき、他者と関わったり、社会とつながることが難しくなってしまった若者たちである。

つまり、自らがプログラムを活用してよかったから、同じような悩みを抱えているたくさんの友人に、「育て上げ」ネットの支援プログラムが素晴らしかったと伝えてくれるようなことはあまり期待できない。結果として、若者を支援するにあたっては、お客様を減らすために努力を続けていくという矛盾を常に抱えていることになる。

僕は、それにも関わらず、利益度外視、自分の人生よりも他者の人生を優先してしまうような支援者と呼ばれる〝おせっかいな人間〟がとても好きだ。自己犠牲や奉仕精神といったような言葉が安っぽく聞こえるくらい、そのような言葉を悠長に使っている時間があれば、もっと○○をしたいという現場的思考で頭がパンパンになっているような支援者は世の中にとってとても貴重な存在であり、代替の効かない人間だと思うのである。

このような人材が、仕事と意識のミスマッチ、いわゆる、やりがいを見出すことが難しいために、現場に定着できないのであれば、それは少しだけ興味を持った若者をマッチポンプでまわし続けなければ事業の継続はできない。しかし、その理由の九十九％以上が経済的な問題、つまり、給料の多寡であるとすれば、経営者としてそこに希望を見出すことができるのだ。先にも述べたことであるが、解決方法は非常に単純で、若者支援に従事する支援者が大きな支障なく生活することが約束されるような財政基盤を作ることに他ならない。

現状として、いまの僕にそれができているか。残念ながら、答えはＮＯである。おそらく、職員の多くは業務自体にやりがいを感じつつも、自らの将来については不安を抱えていると思う。口には出さないが、僕が職員であれば間違いなく不安だ。ただ、株式会社で働くにせよ、公務員として働くにせよ、将来にまったくの不安を持たずに働いている若者はきっと少ないだろう。終身雇用制度は過去のものとなり、定期昇給制度は成果主義の名の下にその地位を失った。今年の年収と来年の年収の差は本人のみならず、誰にも予想できないなかで働き続けるのは精神的にシンドイだろう。だからこそ、僕は最低限の金銭的安心感に加え、就業における「自由度」を高めたいと思っている。就業の自由度とは、働いていながら社会で生きていける力を身に付けられることと、職場への出入りに柔軟性を持たせることである。

少子高齢化時代を迎え、今後、国内の労働力人口は間違いなく減っていく。いま、企業は少しでもよい人材を採用しようと、採用代行企業などの協力を仰ぎながら、人材の見極めに躍起になっている。優秀な人材であればいいが、そうでなければ採用するつもりはないということだ。

しかし、実際はどうだろうか。優秀な人材を押さえることはできているかもしれないが、そこで定着して働き続けてくれるような若者を見極めるところまでは到達していないのではないだろうか。入社後三年で離職する率が、大卒で三割、高卒で五割、中卒で七割という、「七・五・三現象」という言葉がよく話題となるが、優秀な人材を選ぶように力を注いでも、結局、会社に残ってもらえなければどうにもならない。一方、スタート時点では少しばかり粗が目立つとしても、長期に渡って会社で活躍してくれる若者は、やはり重宝されているのだ。実力や経験は蓄積できるが、会社の蓄財となる人材を確保するのは困難なのである。

社会参加に一歩踏み出せない若者を支援していると、本当に多様な人間像に出会い、関わることになる。パッと見は冴えなくても、どのような内容の支援を、どのくらいの期間継続していくと、周囲が驚くような変化が期待できるのかがわかってくる。

「あぁ、この若者は半年くらいかけ、職場研修をするなかで自信を植え付けてあげれば働けるようになるだろう」とか、「どこの企業の面接でも通るだろうが、外部の人間には見えにくい〝生真面目さ〟を持ち続けていると職場の人間関係に苦労しそうだ」という見極めができるようになってくる。

人材系企業の方とお話をさせていただくと、直球勝負で、僕の団体の職員に条件を提示して、合意すれば引き抜いてもいいか、と聞かれることがある。初めはビックリすることもあったが、いまではそれが誇らしく思えることもある。だって、片仮名で表現するところのヘッドハンティングなのだから。てっきり、ビジネス雑誌とか小説の世界だけのものかと思っていたが、そのような言葉が僕の職員に使われるとは驚きであり、自慢したくなることなのだ。

僕の答えはもちろん〝オッケー〟である。就業への自由度には、出入りの柔軟性が欠かせない。つまり、より大きな世界に飛び出して生きたい。もっと自分の価値観に合う場所で働きたいという思いが出てくるのは当然なことであるのだから、つまらないしがらみにとらわれて、人生を左右するような決意が揺らめいてはだめだ。だから、僕の団体は全員一年契約制にしている。新年明けた頃に、「来年度はどうする?」と聞く。「このままで」とか、「働きますよ」と言うのであれば、一年延長だ。一般企業に転職を考えているとか、他団体に転籍したいということであれば、残りの期間、どのような協力ができるかを話し合う。そして、翌年度四月一日から新しい世界に飛び出せるように出来る限りの支援をするようにしている。別にルール化しているわけでもないが、そのように自由度を高めておくことが、働きやすい環境を創るのだと僕は思っている。

二〇〇四年の五月に法人化する以前から、「育て上げ」ネットで働いてくれていた安田君が転職の希望をくれたのは去年の年末だった。フリーターだった安田君が、当時、僕がかかわっていた若者の就労支援施設「ヤングジョブスポットよこはま」を訪れてからの付き合いだった。その人間的魅力に惹かれ、半ば無理矢理その施設のスタッフに引き抜き、今年の三月三十一日まで一緒にやってきた。

農業への関心を強く持っていた安田君には、ほとんど思いつきで、〝農業と職業社会に踏出せない若者〟というテーマを実践してもらった。近隣の農家に営業をかけ、仕事をもらってくる。その仕事を支援プログラムの利用者と融合させ、どうしたら農家の方々にも、若者にも喜んでもらえるのかをずっと試行錯誤してきたように思う。もともと、他者と関わることが得意でなかったことから、繁忙期には、農家からいただいた大量の仕事と、それを予定通りにこなしていけない若者との間で板挟みとなり、イライラしたこともあったと思う。誰でも余裕がなくなればイライラもするだろう。そのような人間的な部分、人間臭さが、逆に若者のこころを動かし、予想以上の働きで業務を終わらせられることもあった。それを感じてか、安田君も人間的に大きく成長したように見えた。

経営の「け」の字も知らない僕と一緒にやってきてくれた安田君も、新しい一歩を踏出すことになった。ずっと考えていたのかもしれないけれども、農家のお手伝いではなく、これからの日本の第一次産業を支える人材として活躍できる場を求めることとなった。もちろん、それを聞いた僕はこころから応援をしたいと思った。何か応援ができるだろうかと思い、転職活動の状況を聞いてみると、就職活動は連戦連勝で、いくらでも仕事が選びたい放題だと言う。安田君が自分の価値観で選択した希望先から、次から次へと内定をもらうという、何とも羨ましい話を聞くことができた。正直、嬉しさよりも、驚きが大きかった。

給与という面では、本当に安田君には苦労をかけていたと思う。時給数百円のアルバイトをしていれば、生活もかなり楽だったのではないかと思う。それでも、お別れ会の場で交わした握手と、「いやぁ、ここまでやってきてよかったですよ。これからは食料作りますんで、買ってください」と明るく言ってくれたことで、安堵の気持ちを持つことができた。

今後、この仕事をする上での目標である〝支援者支援〟は当面変わる事はないだろう。もしかすると、一生付きまとう課題なのかもしれない。それでも、気持ちがある限り、生活に不安を持たずに支援を継続できる安心感を職員に持ってもらえるよう、また、転籍や転職を希望するときに気兼ねなく応援できる雰囲気作りと協力体制を作れるように、これからも「若者支援」を生業にしていきたいと思っている。

ジョブトレ、それは自立のための支援プログラム

ＮＰＯ法人「育て上げ」ネットの支援目標は、「若者が長期継続して賃金労働ができること」であり、つまるところ、それは経済的な自立を指している。最近では、「自立」という言葉に対して、「自律」を使用したり、自立の内容そのものが議論される場面に遭遇することも多くなった。

僕はあまり言葉などの意味を細分化して議論することが得意でなく、むしろ、物事を単純化して考えることが好きなもので、どうもその手の〝正解のない議論〟に参加する気になれない。

自立にはいろいろな種類があるのかもしれないが、人間が生きていくために必要なのは、どう

にかして衣食住を確保し、生活をしていくかという力であり、その力の獲得が自立であると思っている。「フリーターやニートと呼ばれる若者は、まともに働きもせずにプラプラしてけしからん」という論調は一時期に比べて減ってきたが、それでもなお、議論の端々では、〝働かざるものの食うべからず論〟が見え隠れしているような気がしてならない。

特に気になるのが、莫大な遺産を持っていたり、デイトレードで数十億円もの大金を稼ぎ出している若者とそうでない若者に対する見方の違いである。フリーターにしろ、ニートにしろ、しっかりと定義のある言葉であるにも関わらず、社会の視点が〝働かざるもの食うべからず〟なものだから、定義上は同じ言葉で区分をされてしまうが、結局のところ、金銭的に余裕がない若者だけがバッシングを受けているように感じる。一方、資産や資金を持つ若者で、同様に区分される若者へのバッシングは、汗水たらして働いてきたけれども、そのような大金を見たこともないひとびとの嫉妬が多分に含まれていないだろうか。そのように、金銭という尺度で若者を捉えようとするから理解に苦しむのだ。定義を通して若者を区分するのではなく、現場まで来れば見えるものはたくさんある。まさに、そのような若者は現場で理解することができるのだ。

経済的自立を強調するので、僕の話は「お金さえあれば働かなくてもいい」と誤解されることもあるのだが、これは半分〝当たり〟で、半分〝はずれ〟である。当たりから言うと、あればよい金とは、最低限の生活ができる金銭額であり、法を犯すようなことがなければ、それを稼ぎ出す方法は何でもいいと思っている。正社員でも、アルバイトでも、不動産投資でも、ネットオークションでもいいのではないだろうか。働き方は個人の価値観に強く依るものであり、その価値観に関して他人が口を出すことは〝大きなお世話〟でしかない。ちなみに、〝大きなお世話〟とは、相手を自己満足的に気遣うことであり、僕が好きな〝おせっかい〟は、相手の心情や立場を尊重しつつ、よかれと思って助け舟を出してみることである。もちろん、助け舟だとしても相手が乗ってくれなかったり、その舟が相手の足にぶつかって怪我をさせたりすることもあるかもしれないが、互いに気を遣っているフリをして、他者への不干渉を正当化するよりは、生きやすい社会なのではないかと思う。

将来的な安定性を考えると、それぞれの働き方には〝確率論的に〟優劣があるかもしれないが、二十代や三十代で、将来の安定性を第一優先に考え、何かを諦めたり、ストレスを貯めながら仕事に従事したりすることが一番であるかどうかもまた、個人の価値観に依るのではないだろうか。ただ、日本の雇用情勢を考えると、新卒正社員がもっとも一般的で、リスクが低いことくらいは、働き方を選ぶ前段階で知っておくべき事実であるとは思う。とにかく、いま、両親の庇護の下で生活をせざるを得ない状況であるとしたら、本当にシンドイとは思うけれども、何とか自立に向けて一歩を踏み出して欲しい。逆に、両親と同居であっても、若者自身に経済力があればそれはそれでオッケーだろう。

一時、パラサイトシングルという言葉が流行り、独身で両親と暮らす若者が叩かれた頃もあるが、それこそ〝大きなお世話〟だろう。仮に、両親と暮らすことができなくなってしまっても、経済的な自立が可能となるような力があれば、両親と暮らして、欲しいものを買ったり、旅行を満喫したりするのは、人生を楽しむためには大切な要素なのだから。

お金があれば働く必要がないはずなのに人間は、基本的にお金があろうと、なかろうと、働いているほうが社会的にラクなことが多いのだ。

経済的な自立を強調していると、どうしても精神的な自立についての質問を受けることが多くなる。これについては深く議論するつもりはあまりないのだが、僕がさほどこれを強調しない理由のひとつに、精神的な自立は目に見えない、数値化できないことがあげられる。目の前に〝自立をしていない〟若者がいるとし、その傍らに、その若者が自立に向かって動き出して欲しいと望む大人がいるとする。もし、その若者から「自立とは何かを教えてほしい」と聞かれたら、どのように答えることができるだろうか。

僕であれば、「君なら、月に十五万円を手取額として稼げるようになることかな」と伝える。

実際に、手取り十五万円が自立する額として適当かどうかは意見が別れるところだと思うが、目の前の若者はすぐに「自立＝月額手取り十五万円」という公式を頭の中で浮かべるだろう。

一方、精神的な自立を思い描いてもらおうとしたとき、僕ならどのように自立を説明するだろうか。どのような苦境に立ってもくじけないこころを持つことだろうか。正義を貫き、悪に屈しない勇敢な気持ちを持つことだろうか。はたまた、常に困難に立ち向かっていける心身を維持し続けることだろうか。どのような定義を考えてみても、精神的な自立について〝具体的〟にイメージしてもらうことは難しいのではないだろうか。それは数値化も、数量化もできないものなのだからだ。

もちろん、精神的な自立はひとりの若者が成長する過程で身につけるべき大事な要素であることに疑いはない。けれども、僕はさまざまな大人——精神的に自立しているだろうと思われるひとびと——に、「あなたは精神的に自立していますか」と聞いたところ、二十代から六十代まで、独身であっても、家族を養っていても、キャリア志向を持ってバリバリ働いていても、定年退職をされていても、ほとんどすべてのひとが、照れ笑いをしながら、「わたしなんてまだまだ精神的に未熟だよ」と答えるのだ。客観的に見れば、自身の力で社会生活を営んでいるわけであるから、自立した大人として申し分ないように思うのであるが、こと精神的な自立の話となると、質問に対して真正面からYESと言わないのだ。

いい年齢になれば、YESと言わないひとびとは恥ずかしいからとか、謙遜しているからということは推測がつく。しかし、これから自立をしていこうとする若者がそれを聞いたらどうだろう。「一生懸命に働き、生活を維持している〝カッコイイ〟大人が、自分はまだまだ自立していないと言っている。そうか、自立するってチョー大変なことなのだな」と思い、自立へのハードルがとてつもなく高くなってしまうのだ。

加えて、精神的な自立は経済的な自立に比べて数値化、数量化することが難しいため、頭の中で「自立＝よくわからないけど、とても大変なコト」と認識されてしまう。すると、家庭や学校、会社や地域から自立を促されたとき、非常に曖昧な不安感に支配されることとなる。その不安を打ち消すように反社会的行動をとってしまったり、自らの殻に閉じこもらざるを得なくなり、社会に参加していくことが難しくなってしまったりするようになるのだ。

NPO法人「育て上げ」ネットでは、社会から自身を遠ざけなければ、誇大に膨らんだ自立のプレッシャーに押しつぶされてしまう不安を抱える若者を中心に、社会参加と経済的自立を目的として支援を行っている。前述した「ニート」という言葉が社会に広がったことで、いつの間にか、「育て上げ」ネットはニート支援団体というイメージが定着したようであるが、ホームページャパンフレットには以下のような若者を応援します、と書いてある。

・対人コミュニケーション（雑談）が苦手である
・仕事が長続きしない
・昼夜逆転の生活を改善したい
・第三者のサポートの下で就労支援を受けたい
・共同作業を通じて仲間を作りたい
・経済的自立を目指してがんばりたい

なぜ、このように支援対象者である若者を明記しているのか。それには理由がある。ニートだ、なんだと言っても、その定義の中には多様な若者層が存在し、各自抱えている不安や悩みはとても個別的であるため、言葉で区切ってしまうと、その言葉が定義付けしていたり、その言葉から社会がイメージする若者像に合致していなかったりすれば、支援を受けられないという誤解を避けるためである。それでも、「僕はアルバイトをしていて、ニートではないのだけれども、他者とのかかわりにいつも不安を抱えています。そちらの支援プログラムは僕も参加することができるのでしょうか」と、電話で質問されることは多い。

また、どのような支援が受けられるのかを具体的にイメージしやすいように、その項目を列挙している。ハローワークや職業訓練校と勘違いをされる場合が多いのだが、ハローワークのような就職紹介の機能は持ち合わせていないし、職業訓練校のような専門的スキルを身につける機会も提供していない。僕らのプログラムは、正式名称が若年者就労基礎訓練プログラムという、就労にあたっての〝基礎〟を身につけることなのである。ただ、正式名称は堅く長いので、その通称を「ジョブトレ」と定めている。そのジョブトレのプログラムで身につけられる〝基礎〟を持ち合わせていないから、社会と関わることが怖かったり、仕事を探すことにためらいを感じるのではないか。それであれば、つらいことだけども、それを受け入れて、プログラムを利用してみようと思うきっかけとなればと思い、支援対象者である若者を区分するために使う言葉をあえて前面に出さず、若者が抱える不安が期待にかわるような項目を並べているのだ。

ジョブトレを開始したのは二〇〇四年からである。まだ、数年の実績しかないプログラムであり、支援した若者の総数は歴史ある支援団体とは比べ物にならないけれども、僕らはジョブトレの効果性に絶対的な自信を持っている。なぜなら、ジョブトレを利用した若者の大半が、たった三ヶ月から一年くらいで働き始めている事実があるからだ。この事実が僕らの自信を支えている。

当然、職員全体の年齢が若いことも含め、失敗することもたくさんあるが、それは反省するけれども、なるべく気にしないようにしている。これまで日本社会になかった若者のための支援プログラムを作ろうとしたら、モデルがないのだから試行錯誤するのも失敗するのもあたりまえだ。最低限、気をつけなければならないのは、プログラムを利用する若者が安全、安心して前進できることだけであり、それ以外の失敗は成功の母として正面から受け止めているつもりだ。真摯に、天狗にならず、誰のために支援をしているのかを明確にしておけば、大きく方向性がずれ込むことはない。

最近では、その支援対象年齢を引き上げ、三十九歳までとすることにした。プログラム開始当初は、十代後半から二十代後半くらいまでの年齢の若者が対象であったが、支援可能な若者の幅を広げて行きたいという思いから、三十代後半までのプログラム利用希望者を受け入れてみたのだ。すると、二十代の前半の若者と、二十代後半の若者への支援のあり方が微妙に異なるのと同様に、三十代もまた、二十代とは異なるアプローチが必要な部分はあるが、全体としてジョブトレの支援プログラムは、年齢に限りがあるということはない。つまり、若者の状況を示す言葉で区分けしたり、年齢によって対象を分けるのではなく、ジョブトレで支援が可能な若者とはどのような若者の基軸を、ゆるやかな幅を持たせつつ、明確にしておけば、三十代だから支援ができないということがないのだ。

付け加えておくと、対象年齢が四十歳に届かないのは、前出の石山さんのような一番年長者が四十代だからである。日本人全般に言えることだと思うのだが、年下の人間から指示・命令をされることへの免疫力は高くない。気にならないひともたくさんいるだろうけれども、対人関係を強く意識するような若者にとっては、その年齢差を気にするひともたくさんいるのだ。だから、しばらくの間、支援対象年齢は三十九歳のままだろう。いつの日か、いや、できるだけ早く、支援対象年齢などが撤廃できるような環境と体制を作りたいものだ。

若者を一面的に捉えるのではなく、さまざまな側面から〝包括的〟、かつ、〝個別的〟な支援を、個々人の成長速度に合わせて〝継続的〟にプログラムを提供するジョブトレには、

①ユースコーディネーターを中心としたチームによる研修制度
②ステップアップ方式のＯＪＴプログラム
③就労後をフォローするウィークタイズプログラム

という三つの柱がある。

僕らは現場で支援を行なう職員を「ユースコーディネーター」としている。その言葉の意味は、直接的に手取り足取り支援をするのではなく、その若者が潜在的に持つ力を引き出すための機会を提供する、つまり、個人に合わせて支援をしつつコーディネートしていくことが本来の業務であるということだ。僕は支援という言葉を多用するけれども、世間一般が持つ言葉のイメージは、どうも一から十まで手取り足取り、というものらしく、現場で日々行なわれているプログラム内容とは幾分違いがある。もともと、社会に参加し、(経済的に)自立した生活を営む能力を有していながらも、ちょっとしたボタンの掛け違いで社会から離れざるを得ない状況にある若者を支援しているのだから、必要なのは掛け違いを受け止め、掛け直すためのきっかけ作りと、機会の提供なのだから、サポートというよりは、コーディネートの意味合いが実質的に強い。

そのユースコーディネーターと、複数名の若者がひとつのチームを作って研修プログラムをこなすことができるのが、ジョブトレの特徴のひとつである。若者支援に対してインターンシップの有効性がいわれるが、一度社会から離れ、自信を喪失してしまった若者にとって、自分ひとりで職場に足を運び、見知らぬひとしかいない場所で業務をこなすには、背負うプレッシャーが強烈で、そこに一歩が踏み出せない場合も少なくない。

だからこそ、ユースコーディネーターという研修プログラムの責任者がいることによって、業務内容を確認したり、失敗をしてもフォローしてもらえる環境作りが重要となる。また、仕事の大半は共同作業である。ひとつの業務を完遂するために、役割分担をして、各自が責任を持って自分の持分を終わらせる。何らかの理由で終わらないのであれば、チーム全員でそれをカバーし合う。そのような社会では当然行なわれている（と思う）ことが、ジョブトレを利用する若者は〝できない〟のではなく、苦手なのである。しばらくぶりに、他者と協力して業務を行なうとなれば、その距離感に微妙なズレが生まれる。久しぶりに車を運転すると、車幅感覚が鈍るのと同じである。そのズレが不安を生み出し、不安が恐怖感に変わって足がすくんでしまうのである。

しかしながら、ペーパードライバーと呼ばれる、長期に渡って運転をする機会がなく、再度運転をすることに不安を抱えるひとに対して、運転免許取得時のスキルを取り戻すための講習があるように、仕事や共同作業をしばらく経験していないために、少々戸惑ってしまう若者に対して、不安解消のための機会が必要なのは至極当然のことである。逆に、その機会さえあれば、自信を取り戻し、自立に向けた次のステップに進むことができるのである。この再講習ともいえる機会があれば、インターンシップは、自信を失って不安を抱えている若者にとっても、とても効果の高い制度なのではないだろうか。つまり、ジョブトレのひとつ目の柱としては、仕事に就く一歩手前の、研修機能である。

「みんなでやれば怖くない!」ではないが、みんなでチームを作って業務に取り組むと、不思議と不安なくこなすことができるものである。誰にでも失敗はあるが、研修業務の失敗は気にする必要がない。なぜなら、その失敗で先方からお叱りを受けるのは、その若者ではなくユースコーディネーターだからである。僕らのユースコーディネーターは怒られることと謝ることにはとても慣れていて、それが生き甲斐であるかのように笑って気にすることはないのだ。もちろん、次からは同じミスをしないように話し合うことは忘れてはならないことではあるが。

ジョブトレふたつ目の柱としては、「ステップアップ方式のOJTプログラム」が挙げられる。ジョブトレには、先ほどの「みんなでやれば怖くない」的な仕事を請け負っているが、最初の一歩のさらに一歩であるこれらの業務をこなしているだけでは、仕事に就くための心構えや自信はなかなか芽生えてこない。まだ、仕事に就くこととは大きな開きがある。この「ホップ」「ステップ」「ジャンプ」の三段階に当たる、「ホップ」段階では、近隣農園での請負作業や、ビルやホテルの清掃管理、商店街シャッター塗装などを中心に活動をする。週五日間を働き抜くためには基礎体力がなければ継続は難しいため、体を動かすものをそろえている。これらを午前中からやることで、まだ寝起きの体を起す意味も含まれていて、昼夜逆転の生活が染み付いてしまっているとすれば、最初はかなりつらいかもしれない。けれども、やはり朝起きて、夜寝るという当たり前の生活サイクルに戻すには、朝から体を動かすのが一番なのだ。

ステップアップの第二段階である「ステップ」では、新聞販売店の機械作業や、パソコンを使ったデータ入力、プログラムのデバックチェック、テレビや舞台で使う用具の製造など、外部営業所や企業にチームで出向き、そこで研修を行なうことになる。朝早くから、研修先の最寄り駅に集合し、先方より与えられた業務をこなす。ユースコーディネーターがいるものの、まさに職場の一員として活動するため、場所によってはスーツ着用であったり、セキュリティーIDカードを個別に持たなければならないこともある。

基礎体力向上を目指す第一段階に比べ、肉体的な負担は減るかもしれないが、社会からしばらく遠ざかっていた若者にとっては、営業所内、企業内という場はとても緊張感のある環境であり、体力以上にきつい部分もあると言う。しかしながら、「数年ぶりにスーツを着たら、武者震いをした」と笑いながら話す利用者がいるように、シンドイ以上の効果はある。また、「企業のなかはこうなっていることがわかって、緊張することがなくなった」と、これまで誇大なイメージを持っていた企業という場に過度な恐れを抱かなくなることもある。「ステップ」の段階に至ってから、父親との会話が成立するようになる若者もいる。

この第二段階で一定期間の研修を積むと、ハローワークに通ったり、派遣会社に登録したりと、利用者の動きも活発になってくる。なかには、ハローワークに入ってみたら、よさそうな求人票があったために、相談員との話し合いを経て、当日に面接を行ない、採用されてしまう例もある。もちろん、すべての利用者がこのような形で〝飛び級〟をするわけではないが、たかだか三ヶ月から半年で卒業してしまう利用者を見ると、「ちょっと前まで、自宅から事務所に通って来るのすらシンドそうだったのに……」と、少々唖然とすることもあるのだ。

第二段階の「ステップ」は、ユースコーディネーターと複数名がチームを組み、外部事業所や企業で研修を積んでいくものであったが、最後の「ジャンプ」の段階は、まさに社会に向けて飛び出すための研修である。都心部の企業へ自宅から一人で〝通勤〟する。もちろん、スーツは着用で、ユースコーディネーターや利用者仲間との待ち合わせはない。挨拶と共に、企業内の席へ向かい業務に携わる。いわゆる、フツウの会社員と同じ活動をするのだ。

この段階まで至ると、僕らができることはほとんどない。個々人が望む職場環境、労働形態、その他の個別的な条件に当てはまるような仕事と巡り会うことができるかどうかだけである。朝方の生活と週五日以上働ける体力は獲得した。職場とはどのようなものなのかも理解できた。いわゆる、シューカツの準備も完了した。ここからの一歩が、「育て上げ」ネットからの最後の一歩となる。

僕は、その最後の一歩は自らの意志と力で踏み出してほしいと願っている。そして、ラクになってほしいと思っている。社会は働いていなかったり、学校へ行っていなかったりする、社会的所属を持たない人間にとても冷たい。さらに、働くということは大変なことのほうが多い。楽しいと思うことなどほとんどなく、悩んでみたり、不安であったりすることがその大半かもしれない。それでも、次の一歩を踏み出せばきっといまより〝イイカンジ〟になれる。その理由は僕にはわからないけれど、これまで働くことが困難な状況に陥ってしまったひとたちが、働いてみたらラクになったと言うのだから、きっとそうなのだと思う。もし、へこたれそうになったら「育て上げ」ネットに遊びにくればいい。また、やり直せばいいのだから。

［はじめの一歩は母のため～峰岸くんの例～］

中学・高校時代はサッカー部の副キャプテンをしていた峰岸君が動けなくなったのは、大学受験の失敗だった。大学受験は連戦連勝であったが、最後の一校が大本命だった。これまで合格通知しか送付されてこなかった自宅のポストに、不合格を知らせるためだけの紙切れが同封された、薄っぺらな封筒が届いた日から八年が経過した、あるバレンタインデーの日、峰岸君は「育て上げ」ネットに来た。

正社員として働く峰岸君は、いまもその日のことを笑いながら振り返る。もう、「育て上げ」ネット内では〝ネタ〟となっている出来事だ。

いつものように昼過ぎに起きた峰岸君は、母親が準備した昼食を食べながら、何気なくテレビを見ていた。特に面白いわけでも、つまらないわけでもない。ただの、〝習慣的な行事〟である。その日は、あるお笑い芸人が司会者と話をする内容だったが、何の話をしていたのかは記憶にない。

突然、峰岸君の母親がこう言った。

「今日はバレンタインデーだから、お父さんにチョコレートを買いたいから、買い物に付き合ってくれない？　デパートが混んでいると、お母さんひとりでは大変なの」

一時は、自宅から出ることにすら緊張をしていた峰岸君であるが、ここ一年くらいは遠くの書店や図書館に自転車で出かけている。自宅のインターネットがしばらく使えなかったときに、仕方なく漫画喫茶へ足を運んだのがきっかけだという。それ以来、生まれた地域から少し離れた場所には行くようになった。ずっと、外出はしたかったらしいのであるが、きっかけがなく、何となくひきこもりがちになっていた。

母親からの突然の誘いには驚いたが、外出することには抵抗がなかったという。なぜなら、目的のデパートは自宅から電車で一時間以上も離れているのだから、昔のクラスメートや家族の知り合いに出くわす可能性はかなり低いと思った。まさか、その日を境に八年間の〝孤独〟から抜け出すことになるとは、夢にも思わなかったと言う。

母親の指定するデパートは立川駅にあった。あまり来たことはないが、知らない町でもなかった。駅近くのデパートでバレンタインデーのチョコレートを買い、屋上の喫茶店で休憩をした。全然、疲れてはいなかったが、久しぶりにひとがあふれる場に来たものだから、少々、シンドイとは感じていた。

母親が、「あと一件、ちょっと駅から離れているのだけれども、寄りたいところがあるの」と切り出し、立川には「育て上げ」ネットというＮＰＯがあり、社会に出ることに不安を抱える若者の就労支援を行なっていることを素直に伝えた。

一瞬、わけがわからなくなった峰岸君は考え込む。頭の中は、どうしたら母親に行きたくない旨をウマく伝えることができるのかでいっぱいである。

すると、母親が再び口を開き、「あなたをそこへ行かせるというよりは、私自身があなたのために何ができるのかを聞きに行くだけなの。嫌なら先に家に戻ってもいいわよ」と峰岸君に話した。

峰岸君は、あの不合格通知が届いた日から、大学はともかく、いずれは仕事に就いて、自立していかなければならないと思ってきた。いつまでもいまの状況でいるわけにもいかない。何より、親にこれ以上迷惑をかけたくないし、できれば金銭的にも親孝行がしたかった。ただ、一年が経ち、二年が経ち、学校に行くこともなく、アルバイトすらしていない、〝社会的ブランク〟を持つ自分を誰が受け入れてくれるだろうかと思うにつれ、社会に出るのが怖くなっていった。それだけではなく、友人や親族にもそのような自分を伝えることは恥ずべきことであり、また、自分の親の顔をつぶしかねない。だから、なるべく家族以外のひととは接しないよう行動をしてきたし、外出も地元から遠く離れたところを選んできた。

もちろん、完全に働く意欲を失い、無気力であったわけではない。何とかしなければならないと思い続けながらも、何もすることができない自分に絶望し、将来のことを考えないようにすることで自己防衛していたのだ。何もすることのない毎日ではあるが、起きたらこれ、次にこれ、その次にこれと、小学生が特に考えることなく時間割通りに授業を受けていくように、出来る限りシンドイことを考えなくても一日が終わる〝習慣〟を繰り返してきた。

母親からの話を聞いたとき、峰岸君は「これが最後のチャンスかもしれない」と思い、母親についていくことにした。道を歩いているときには、ちょっとした恐怖感に襲われ、帰宅しようかとも思ったのだが、「母親のために一緒についていくのだから」と自己暗示的に自分を支え、なんとか「育て上げ」ネットに辿り着く。母親が扉をノックすると、峰岸君の心拍数は跳ね上がり、まさに〝口から心臓が飛び出しそう〟なほどの緊張感が襲う。そして、扉が開かれた。

あのバレンタインデーから半年後、峰岸君は正社員として働き始めた。それから既に半年が経過している。最初の三ヶ月は辞めることを前提として職員と話し込むことが多かったが、いまでは転職の話を真剣に考えるほどだ。そろそろ、実家を飛び出し、一人暮らしを始めようとしている。

「育て上げ」ネットに来る若者は、大体、三ヶ月から一年で卒業していく。学校に行き始めることもあるが、ほとんどが働き始めるようになる。僕の実感ベースでしかないが、若者が働き始めるまでのプロセス全体を百とすると、峰岸君が踏み出した〝一歩〟は、働くまでに超えるべきプロセスの八十%が終了したことを示している。だから、最初の一歩を越えられるよう、絶えず、僕らは試行錯誤をするのだ。

ちなみに、峰岸君が「育て上げ」ネットに来る前に、母親とは既に相談日を設定し、面会をしていた。これまでの峰岸君のこと、家族関係、家庭状況などをお聞きし、峰岸君の性格的なことも考慮した上で、母親にはバレンタインデーをうまく活かしてほしいと伝えた。もちろん、このようなイベント行事を利用した、保護者との〝環境作り〟が可能となるには相応の条件が必要となるけれども、峰岸君のケースに限って言えば、僕らは最初の一歩が全体の八十％以上のものとなるのを感じたために、母親と共同（共謀ではない）ですることにしたのだ。母親と峰岸君の関係は良好で、長期的に社会から離れてしまった状況でも、母親に対して素直に接することができているため、このような環境設定に踏み切った。

二十代後半の男性の一歩は八十センチくらいだろうか。傍から見れば、とても短い距離である。しかし、峰岸君のように自信を失ってしまった若者にとっての、自分と社会をつなぐ一歩は、地球と宇宙の距離よりも長い。その距離感を社会全体で共有できるよう——千里の道も一歩から——これからも前に進んで行く。

若者と親と社会の関係

僕は子どもを持ったことはないけれども、何でもかんでも最後には〝親の責任〟で終わらせる風潮と、諸問題がそこに落とし込まれるのを目の当たりにしていると、親になるというのはとても大変なことなのだと感じる。若者の自立を支援しているからだろうが、自立が困難な状況にある若者が生まれる〝原因探し〟のための質問を受けることが非常に多い。たいていの場合、相手から提示されるのは、家庭、学校、地域の三つであり、家庭はしつけについて、学校なら教育制度やカリキュラム、地域であれば人間関係の希薄化などについてコメントを求められる。

基本的に、僕は原因について聞かれると「わからない」と答えることが多い。なぜなら、本当にわからないからだ。若者当人やご家族の方々から話を聞いても、学校の先生と話してみても、「これだ！」というものに出会ったこともないし、逆に、「これでもか！」と言うくらいの、多用なパターンに出会う。確かに、何らかの理由により他者と関わることに苦手意識を持ってしまったり、社会参加していく自信を失っている状態にいる若者は多いが、それは僕の仕事が、そのような若者に焦点を当てているからであって、若者全体からすれば少数派かもしれない。

対人関係に不安を覚え、自信を喪失した若者と信頼関係を作ったうえで、その原因や過去について話を聞いてみても、明確な理由にたどり着くことはない。回答は千差万別だ。幼少期に父親が蒸発してしまい、社会全般に嫌悪感を抱えている、小さい頃から虐待を受けて育ったために、気がつくとひとを避けるようになっていることもある。学生時代にいじめを受け、友達すら恐怖の対象になってしまうこともあれば、受験の失敗が人生初の挫折であり、そこから立ち直れなくなってしまうこともある。お世辞にも社交的とは言えない母親の行動により、地域から「村八分」的な目で見られることに疲れてしまった例もある。百人いれば、百通りの理由が存在している。だから、理由を聞かれると「わからない」と言わざるを得ない。

以前、あるところから訪問取材を受けたときに驚いたことがある。取材の依頼文には、「ニートの若者をどう支援していけばいいのか」知りたいとあり、隔月で出版している冊子に掲載すると言う。しかし、実際に取材を受けてみると、支援する方法論に興味や関心があるといよりは、どうもニートと定義される若者が生まれる原因を究明することを目的とし、加えて、何とかして〝親の責任〟と言わせたいとしか思えないような流れだった。僕はそれとなく保護者論には言及しない形で言葉を選んでいたのだが、だんだん取材者の対応に変化が表れてきた。ずっと僕の話に耳を傾け、相槌を打ちながらメモを取っていたのだが、鉛筆を机の上に置き、メモ帳を伏せ、「でも、最終的には親ですよね」とか、「しつけの甘さとかもありませんかね」と、質問というよりは、一回でいいので、親にも少しは原因があることに対して首を縦にふってほしいといった感じだった。取材も終わり、結局、僕は〝親の責任〟にふれなかったけれども、取材者は帰り際に、僕に聞こえるくらいの小さな声で、「ちょっと困ったなぁ。これだとインパクトに欠けるけど、まぁ、しょうがないか」と独り言を言った。

このときの取材内容が掲載された(と思われる)冊子は手元に送られて来なかったので、一体、どのようなものになったのかはわからない。けれども、ここまで極端な状況に出くわすことはないにせよ、原因解明を目的にする場合には、質問者の頭の片隅にはすでに〝親の責任〟ということが結論付けられているのではないかと勘ぐりたくなるようなこともしばしばある。

では、実際に若者と親と社会の関係はどうなっているのかというと、それはとても大変な状況に追い込まれている。誰が追い込まれているかと言えば、それは親である。先に言及しておくが、若者自身はもちろんシンドイ状況にあることに疑いの余地はないが、僕が出会う若者は、比較的社会から離れた生活をしていることが多く、全体的には行動範囲が自宅と自分を知っているひとがいなさそうな遠い場所というケースが目立つため、「社会」という項目を関係性に入れると、親の方が若者よりも相対的にシンドイのではないかと思う。

「育て上げ」ネットへの相談のうち、七十%は母親単独、二十%は母子、十%弱で若者単独であるため、必然的にここで言う親は「母親」を指していると考えていただきたい。父親が相談に来られることもあるが、相談総数から見ると非常に少ない数なのである。ちなみに、父親が少ない理由としては、「仕事が多忙」「子育ては妻に一任」「どうしていいのかわからない」あたりではないかと感じる。本当は自分の子どものために父親として手を貸してやりたいのだが、仕事の休みが取れないことや、これまでずっと妻に子どものことを任せてきたために、自分が口を出すことで妻が傷つくのではないかと不安に思っていたり、あまり子どもと話をしていないために、どこからどのように手をつけていいのかわからずに悩んでいたりするのだ。

父親でない僕は、そのような状況下での父親の心境というものがわからないため、素直に藤巻さんに聞いてみたことがある。あと二年で定年退職される藤巻さんは、子どもが社会に入っていけない悩みを抱えていることを、妻から聞いていた。何度か話をしようとしたが、子どもから本音を引き出すことができずにいた。会社帰りに書店に寄り、社会に出られない若者についての書籍を眺めていると、「そのような状況にある若者はエネルギー不足の状態であり、いまは休んでいるだけである。家族はそんな若者を見守り、自らの力で動き出せるエネルギーが溜まるのを待ちましょう。待つことが大事なのです」と言った趣旨のことが書かれていたため、それを実践することに決めた。

「待つ」というのは非常につらい作業であり、藤巻さんは何度も息子と話し合い、元気を出してもらいたいと思ったが、妻からの諌めもあり、寸前のところで踏みとどまっていた。しかし、一年が経過しても息子は相変わらず動けないままであった。息子に対しては待つことを決心したけれども、藤巻さんは不登校やひきこもりといった若者についてのセミナーなどには積極的に参加をしていた。とあるセミナー終了後の喫煙所で煙草を吸っていた僕に、藤巻さんは話しかけてきた。これが僕と藤巻さんとの出会いだった。

そこでは世間話と講演内容への感想と質問程度だけであったが、何かあれば相談に来て欲しいと藤巻さんに伝え、僕はその場を後にした。数時間後に事務所に戻ると、既に藤巻さんからは相談申し込みの電話が入っていた。

そんな出会いから既に一年以上が経過していた。藤巻さんの息子さんは半年前に「育て上げ」ネットのプログラムを卒業し、いまも変わらず働き続けている。まだ、実家を離れて本格的に自立するまでには至ってはいないが、引越しに掛る費用を貯金しているらしい。藤巻さんが敷金やら礼金、その他の諸経費を伝えたところ、その額に驚いていたという。息子さんが確実な前進をしているからこそ、父親の心境について藤巻さんに聞くことができた。藤巻さんも息子さんのことは〝過去のこと〟として消化できているからこそ、本音を語ってくれたのだと思う。

質問①
なぜ、父親が相談の場に出てくることが少ないのだろうか

藤巻さん：私の例になってしまいますが、ずっと子どものことを妻に任せていたものだから、いまさらどのように子育てに関わっていいのかがわからず、混乱しているのだと思います。それに、一家を経済的に支えてきたという自負心を心の支えに、自分は自分の役割をまっとうしてきたのだから、子どものことと言われたって、わからなくてしょうがないと、ある意味、開き直っている部分もあるのかもしれません。ただ、その開き直りというのは、子どもが学校へ行けなか

ったり、働けなかったりすることを他者に相談することが恥ずかしいことであり、その部分は子どものことを自分より知っている（であろう）妻が先頭に立つべきだと考えるからこそであって、決して子どもの自立に対して無責任になっていることではないと思います。つまり、相談の場に出て行かないというのではなく、相談の場に出て行けないというのが本当のところではないでしょうか。

質問②
最初に息子さんの状況を知ったときのことを覚えていますか

藤巻さん：最初、息子の状況について妻から聞いたときには、そんなのは放っておけば、そのうち働き始めるだろうと思っていました。また、正直に言えば、自分の責任ではなく、妻の子育て方法に問題があるのではないかと、自分のことは棚に上げて、妻を責めていたかもしれません。妻は私に何も言いませんでしたから、何とも言えませんが。

質問③

藤巻さん自身が息子さんのために行動しようと思ったきっかけは何ですか

藤巻さん：息子の行動を待っていた時期に、もう数年で息子は三十歳になることを改めて考えました。そして、自分自身も数年で定年退職でした。私の会社はアルバイトも雇っているのですが、三十歳の新入りというのはいないと思います。ほとんどが学生か、二十代の若者です。そう考えると、息子が三十歳になってしまったら、どこにも受け入れてもらえないのではないかと思いました。そして、そのとき自分に収入があるのかどうかもわかりません。そこで、これ以上は待つべきではない。待てないと思ったから、まずは親が動き出そうと思ったのです。

質問④

父親として相談の場に来ることに抵抗はなかったのですか

藤巻さん：もちろんありました。最初は妻に行ってもらおうと思っていました。子どもが働けない状況にあり、「私はその息子の父親です」とは、とてもじゃないが言えませんでしたから。ただ、喫煙所で工藤さんが言われたように、息子のためとか、父親としての自分のためとかではなく、これまでずっと苦しんで来た妻のために相談に行こうと考えたわけです。そうしたら気持ちが楽になりました。傍から見るとひどい父親に見えてしまいますが、妻のための考えたときに、不思議とこれまで自分から動き出すことを制御していた何かが、バラバラと崩れたのです。妻のためであれば、自分に言い訳を作る必要もありませんから、抵抗もなかったです。

質問⑤
息子さんとの関係に変化はありましたか

藤巻さん：息子が「育て上げ」ネットに通い始めた頃は、息子は妻としか話しませんでしたので、いつも息子のことは妻を経由して聞いていました。その話の内容は私からすれば些細なことでした。帰宅前にファミリーレストランに寄ってきたとか、携帯電話がないとみんなと連絡が取れないから持たせてほしいということ、それに、みんなで遊びに行くので小遣いをもらいたいということばかりでした。そんなことは働いてからすればいいのではと言いたくもなりましたが、妻が喜んでいましたから言いませんでしたが。
関係に変化があったのは数ヵ月後です。夕食時に、息子と妻が研修プログラムについて話していました。来週はスーツを着用しなければならず、都心の企業内部での業務を任されるのだと言います。そして、息子は私に質問してきました。年齢的にどのようなスーツが一般的なのか。企業という場所の雰囲気はどうか。流通業らしいのだが、どのようなひとが働いているのかなど、いわゆる企業についての質問です。最初は妻に聞いていたらしいのですが、数十年前に企業に勤めていた妻に聞くより、私に聞きたいということで。何だか久しぶりに息子から頼られた気がしましてね。嬉しくて聞かれてもいないことまで話してしまいました。気を利かせたのか、妻はお酒を私と息子に出しました。あとで気がついたのですが、息子と酒を交わしたのは記憶の限りでそれが始めてでした。感動すら覚えたんです。

それ以来、息子との関係は良好です。基本的には仕事の話ばかりですが、逆に私は仕事の話くらいしかできませんから。でも、それでいいのではないか。無理をして、普通の父親があまりしないようなことを、頑張って息子にしようとしてもダメなのではないかと思っています。

藤巻さんのように、父親が相談の場に出てくるのはとても稀有である。本来であれば、ここで僕は「藤巻さんのように、父親がもっと出てくるべきだ」と言うのが流れなのかもしれない。しかし、実際には母親が第一線に立ったほうがうまく行く確率が高いように思うのだ。その理由のヒントは、質問⑤の藤巻さんの回答に見つけることができる。学校へ行けなかったり、働けなかったりする状況にある若者の悩みや不安は、現時点で学校や労働そのものにはない。むしろ、もっと漠然としていて、悩みや不安の出所がどこなのかもわからない状況にある。だとすると、これまで働き続けてきた父親が前面に出てきても、話が噛み合わない可能性が高い。

たいていの家庭では、外に働きに出ている父親よりは、母親と一緒に過ごした時間の方が絶対的に多い。二十代、三十代ともなれば、相当な時間量が蓄積されているはずである。とすると、過去の状況なども父親に比べ、母親の方が理解しているのであるから、必然的に母親と話をするほうが気分が楽になる。これまで関わってきた多くの若者も、愚痴から報告まで、最初はずっと母親に伝えてきている。もちろん、話の内容は母親から父親に伝わることは承知の上であり、それを期待している。彼ら／彼女らは父親と一定の距離を維持していたいのだ。

その距離を縮める時期は、若者自身の中で最初から決定されている。働き始めてからだ。アルバイトを始められたときの場合もあれば、初任給を貰ったときの場合もある。自らの高いハードルを課す場合などは、○○万円貯金が貯まったら、正社員として働ける場を獲得したらなど各々違いはある。ただ、少なくとも現状（プログラム参加中）から一歩抜け出し、学校へ復学したり、職業社会の一員になれたりしたとき、胸を張って父親と話をしたいと考えている。

その意味からも、初期段階からあまり父親が前面に出てくることが大賛成とは言いがたいのだ。我が子に対して一言申したい、助けてやりたいと思われる父親もたくさんいると思うけれども、ここはぐっとこらえてあげることも必要なのではないだろうか。「待つ」ことが大事なのは、この部分の「待ち」である。何もしなくても、〝いつか〟若者はエネルギーを溜めて動き出す。そのときの「待つ」とは大きく異なることだけは御理解いただきたい。

母親についてまず言及すべきは、父親に比べ、母親のほうがシンドイ状況に陥り易いということだ。これはジェンダーの話というよりは、日本の歴史的風土や地域性などを含めた、広い意味での社会と母親の関係である。冒頭にも述べた通り、子どもや若者に関しての事故や事件が起きると、方々に話題が行ったり来たりしつつ、最後には〝親の責任〟で落ち着けてしまうことが多い。それはそれで大きな問題ではあるのだが、子どもに何かがあると、「私の子育ての仕方が悪かったのだ」と思い込んでしまう親がたくさんいる。大半は母親がこれに当たるのだが、話を聞いていると、父親の意識に子育ては妻に任せていたというのがあるように、母親の中にも子育ては自分の担当という意識があるらしい。だから、子どもが働けないとなると自らの子育ての失敗探しを過去の記憶から行なおうとする傾向が母親には強い。この子育ての失敗という自責の念が、母親が負担を背負う要素のひとつである。

子供会やPTAの参加者を見ても分かるとおり、圧倒的に母親の方が子どもを取り巻く地域環境と関わっている。保護者のための授業参観日などを見学してみてもそれはよく実感する。それはともかくとして、母親からの話を聞くと、子どもが自立困難な状況にある場合、地域社会から母親が受ける負担は小さくない。特に子どもが二十代半ばを過ぎた頃になると、地域のあちらこちらで出会う同世代の子どもを持つ親同士の話は、子どもが卒業した大学、働いている会社、結婚や子どもの有無に終始しがちになるらしい。ある母親は、「結局、他人の話す話題が自分自身にないのであれば、〝とりあえず〟子どもの話が一番盛り上がりやすいのです。ただ、子どもがそれなりに生活していることが前提なんですけどね」と話していた。

このような状況下で母親が取ることができる選択肢は二つしかない。ひとつは、嘘をつくか、話をぼやかすこと。自宅に閉じこもりがちな子どもについては、自宅でできるような仕事に就いていることにしたり、〝フリーターのようなもの〟とぼやかして伝える。もうひとつは、そのような話題で言い尽くされている地域社会から離れることである。そこで暮らす人間が形成するグループに近寄らなければ、聞かれたくないことを聞かれることはなくなるのだから、離れるという選択肢は即効性が高い。

僕が話を聞いた母親は、最初のうちは前者の行動を取る。子どもの話題にならないように願いつつ、たあいのない付き合いをしているが、「そういえば、○○さんの娘さんはご結婚されたんですって」と、家庭の話題から、自分たちの子どもの話に飛び火するのである。そこから子どもが幼稚園や保育園だったころから、小学校、中学校と時系列で話が進んでいく。近所の保育園、学区内の小学校、中学校と似たような場所で子どもたちが育っているので、話題には事欠かない。子どもが高校中退であれば、そこから先に話が進んでほしくないと思い、働いていなければ、二十代半ばくらいで本日の会合が終了しないだろうかと願う。ストレス以外に何も得るものがない地域社会とのつながりに疲れ、母親は次第に適当な理由を作っては、なるべく顔を出さないようになっていく。実際、傷つくことがわかっていれば、誰だってなるべくそこへ行かなくても済む方法を考えるものだ。結果として、誰もが後者の段階へ進み、孤立化していくことになる。

この「孤立化」こそが、母親を最も苦しめるのである。子どもは長い間、社会と関われない状況が進んでいる。もちろん、子どもは何らかのきっかけを求め、苦しんでいることは知っているから、何とかしてあげたいと思う。しかし、なかなかそれができないから、母親もシンドクなっていく。夫へ相談しようにも、子育て失敗という自責の念に駆られているため、うまく夫に相談を持ちかけられない。仮に持ちかけたとして、夫から「それはお前に任せる」などと匙を投げられたらと思うと、怖くて夫と話をすることもできないのだ。さらに、先ほどのように地域社会から離れざるを得ないために、ちょっとした子どもについての愚痴や相談すらできないのである。親子、夫婦、地域社会とのつながりがない場合、母親の負担がそのキャパシティーを超えてしまうこともあるのだ。

二十九歳の働けない状態にある娘さんの相談のため、「育て上げ」ネットに訪れた山本さんはお姉さんと一緒だった。最初は母親である山本さんひとりだと聞いていたので、どうしたのかとお聞きしたところ、電車に長時間乗るのがつらかったため、近所に住むお姉さんに同伴してもらったと言う。通常、相談では世間話や簡単な質問から始めるようにしているのだが、どうも山本さんの様子が気になったので、相談室の外でお姉さんに山本さんの体調について伺ってみたところ、実はかなり以前からうつ状態にあり、病院にも通院されていることがわかった。そこで、山本さんには少し外で待っていていただき、お姉さんと話をさせていただいた。山本さんについての話は以下のようなものであった。

（話）

山本さんの娘は、中学まではとても活発で、吹奏楽部の部長も務めるくらいの明るい女性であった。しかし、第一希望だった高校には合格できず、滑り止めの高校に通うことになった。それでも、持ち前の明るさで高校生活をエンジョイしていたのだが、二年生に進級してから急に元気がなくなり、学校へも行けなくなってしまった。娘は母親（山本さん）に黙っていたのだが、かなりひどいいじめを受けていた。山本さんは学校に何度も足を運び、担任や生活指導の先生、副校長、校長、校長先生と話し合ったが、「いじめの事実はない」の一点張りで埒が明かないと思い、娘の希望通り、中途退学をさせた。

せめて高校卒業くらいはと思い、山本さんは別の学校への転入、通信制高校やフリースクール、大学入学資格検定（当時）など、さまざまな可能性を探したものの、いじめにより心を閉ざしてしまった娘が、再び社会とつながろうとすることはなかった。高校中退から五年くらいは、母子で旅行にでかけたり、料理をしたりと、二人の関係はとても良好であり、娘も少しずつではあるが元の明るさを取り戻しているように見えた。お正月に親族が集まったときには、アルバイトからでも始めてみようかと周囲に話をしていた。

山本さんに変化が見え始めたのは、同じ年の梅雨の時期くらいからだった。山本さんは、夫と娘の関係がうまくいっておらず、「気の休まるときがない」「最近、うまく睡眠をとることができない」とお姉さんに愚痴をこぼすことが多くなった。

これまで父親はあまり娘のことに関して口を出さなかったが、その年の新入社員の多くが自分の娘と同い年であったことをきっかけとして、娘と将来についての話し合いを持とうとしたことがきっかけだと言う。娘はアルバイトからゆっくり始めていきたいと話したところ、父親はこれを認めなかった。娘の将来を案じての発言ではあったのだろうが、父親は就職ではなく、アルバイトから始めることを望む娘に対して「やる気」の有無で話をしてしまった。娘は自宅を飛び出した。その日の明け方に帰宅をしたものの、それ以降、娘は父親と顔を合わせようともせず、山本さんには父親についての悪口をながながとしゃべり続けた。父親もまた、自分を避ける娘についての憤りと悲しみを山本さんに夜な夜な打ち明けた。山本さんは父子関係の板挟みとなる。

もともと、近所付き合いを積極的にするタイプではなく、専ら、普段の話し相手は近所に住むお姉さんであった。娘が高校を辞めてからは、週一回通っていた地域のお茶会にも出席しなくなり、周囲の目を気にするようになった。山本さんはお姉さんに、「近所のひとは私や娘のことをどのように見ているのだろう」と聞くことがあったというが、家族関係が悪化してからは、被害妄想的な発言が増えたという。「近所のみんなは、私たち家族の悪口ばっかり言っている」「買い物していると、ヒソヒソ話をされているように感じる」などと話すこともあり、一時期は、お姉さん以外の誰も信用できないとまで口に出していた。

板挟み状況が続く中で、山本さんは父親とはあまり話をしなくなり、これまで以上に娘の将来について案じるようになっていった。お姉さんから見ると、母親である自分がついていなければ娘は幸せになることができないと、まるで自分自身と娘が一心同体であるかのように話すと言う。その娘のための支援先探しの最中に、山本さんは「育て上げ」ネットを知ることになるのだが、相談の予約まではできたものの、電車に乗って一時間近くかかる立川までは、ひとりで来ることがつらく、お姉さんに付き添いを頼んだ。

結局、山本さんとは相談らしい相談をすることができなかった。娘の話よりも、自分自身の状況や心境を誰かに伝えたかったというのが本心のようであった。きっと、身内であるお姉さん以外の誰にも相談ができず、疲れきってしまったところだったのだろう。これまでのことを語り始めてすぐ、目には涙があふれ、嗚咽とともにこれまでの苦しい心境を吐露し続けた。一通り終わるとスッキリしたのか、少しだけ笑顔を見せつつ、こちらから提示したことを実践することから始めてみると言って帰っていった。

これまでの相談のなかで、母親自身がボロボロの状態であったり、うつ病やその他の精神疾患を患っていたりしたケースは少なくない。若者の自立を支援するにしても、まずは母親の支援から始めなければならないことは、この分野ではそれほど驚かれないことなのだ。そこに対して、「お母さん（お父さん）が来られても何もすることができませんので、ご本人様を連れてきて下さい」と言ってしまう相談員などの話を聞くと、憤りすら感じることもある。こういったケースで保護者は何から始めればいいのかに関しては、拙著『ニート支援マニュアル』（ＰＨＰエディターズ）を参考にしていただきたい。

まずは保護者から支援を始めていくことが必要であるとの認識のもと、「育て上げ」ネットでは、保護者支援事業「親ゼミナール」を二〇〇四年には複数回開催した。最初は地元自治体とのタイアップであったが、定員十五名のところに数百本の問い合わせをいただいた。保護者に対しての勉強会やセミナーは全国各地で開催されているし、自分たちでも取り組んできた部分もあったのだが、これほどまでに大きな反響があるとは思っても見なかった。都合上、複数回程度しか開催することができなかったが、問い合わせの電話や、参加者の声を通じてわかったことは、子どもが学校へ通えなかったり、働けなかったりする状況にある保護者が、いかに社会から孤立しているかである。

親ゼミナール参加者に特徴的なのは、開催地周辺に居住されている方々の参加がひどく少ないことだ。その一方で、電車で一時間以上もかかる場所から参加を希望される方がとても多い。単純に考えると、好きなバンドのコンサートが自宅から徒歩五分の場所で開かれれば嬉しいし、サッカーの世界一決定戦であるワールドカップの決勝戦が市内で開催されるとなれば、サッカーファンからすれば喜ぶべき一大事だろう。しかし、親ゼミナールに関しては、それが当てはまらない。できる限り自宅から離れ、自分や子どものことを個人的に知らないひとびとが集まる場所を望む。けれども、そこに集まるひとびとが誰でもよいわけではなく、できれば同じような悩み、つまり、子どもの復学や社会参加に苦心している、を抱えている者同士が集まることが前提条件となる。

ご近所さん、夫が勤める会社の同僚、同じ塾に子どもを通わせていた顔見知りの親などがその地域にいる可能性が高いとなれば、よほど興味関心のあるセミナーでも足は一歩前にでない。なぜなら、自分や子どもの状況を誰かに知られてしまい、必要もない噂が立ったり、野次馬的に心配の声を掛けられたりされることほど自尊心を傷つけられることはないからである。これまでずっと自責の念と他者の目に苦しんできた親が求めているのは、安心できる環境で、同じ悩みを共有できる〝まったくの他者〟との交流と、子どもへの〝具体的な〟対応策である。

ちなみに、これはデータの裏づけのない個人的な所見でしかないが、セミナーに参加されている保護者から話を聞いたり、セミナーの講座を見学したりしていると、どうも母親は何かひとつでも現状を打破することに希望を見出せることはないかと、熱心に講師の話に耳を傾け、動きのあるワークショップなどにも積極的に参加する。一方、父親の行動や言動を観察してみると、自らの親としてのあり方や子どもへの対応方法が間違っていないことを確認しているように見える。自分の考えと講師の話す内容が近い場合には、「そうだろう、そうだろう」というように大きくうなずき、あまりにそれらが離れていると、「この講師の話していることはどうもズレているのではないか」という態度を取る。

これだとあたかも父親の態度がまるでなってないように受け止められてしまうかもしれないので、あえて言及するけれども、僕はどちらがいいとか悪いとかを提示しているのではない。どちらにも一長一短がある。母親のケースで言えば、講師が各家庭に応じた対応をするよう何度も講義の合間に念押しをしているにもかかわらず、「これだ！」と思える話があると、何はともあれ実践をしてみてしまい、母子関係が悪くなってしまうことがある。逆に父親側のケースであると、自分とは異なる方法論などを提示する講師の話は、ひとまず頭の片隅に置いておき、自宅に戻ってからじっくりと整理しながら、それを自分の家庭の状況にフィットする形に〝もんで〟から実際に活用してみることで、とてもリスクが少ない。また、実践も一気に推し進めるのではなく、小出しにしながら、Try and Error を繰り返すのである。繰り返しになるが、これは僕の個人的な所見でしかなく、まったく当てはまらないことの方が大勢を占める可能性があることをご理解いただきたい。

話を親ゼミナールに戻そう。通常、親ゼミナールは一日四時間(午前二時間、午後二時間)程度の講座を三日(毎週一日)行う。行政や他の機関との連携により講座数や日数を変更することはあるが、主観的、客観的な効果を考えても、それくらいが妥当だと思う。ひとつには、先ほどふれたように、そこでの集まりが安心できる場であり、同じような悩みを抱える〝仲間〟が存在していて、自分自身のことを吐露できる環境であることを認識するためには時間がかかること。ふたつめには、翌週、翌々週と講座が続くため、一定期間、講義で学んだことを実践したり、講座を通じて気がついたことを整理したりする時間を確保することができ、かつ、何か不安や心配事があれば、再度、講師などと確認が可能なこと。そして、もうひとつの理由としては、そこで出会った仲間と再び会える機会を持つことができることである。

「育て上げ」ネットの保護者向け事業は、これまでどちらかというと単発の講座が毎週なり、毎月開催されている状況であった。各家庭が持つ背景や抱える問題は個別的であり、それらを網羅するために、各現場で活躍する支援者を招いたり、研究者に講義をお願いすることでその個別性を包括しようと考えていたからだ。それはそれで意味のあることであり、今後も継続していかなければならないのであるが、今回の親ゼミナールを通じて学んだのは、社会にうまくつながれない若者の保護者もまた、社会とつながれない状況にあり、それが長期化することで家庭内に悪循環が生まれてしまうことである。

悪循環の例をひとつ挙げるとすれば、僕は講演などで保護者向けに話をさせていただくときには、必ず伝えるようにしていることがある。父親でも母親でもいいのですが、子どもが社会と関われない状況になってしまってから止めたことをもう一度始めてはいかがでしょうかと。ほとんどお願いに近いこともある。なぜなら、僕は子どものために旅行に行かなくなったり、ゴルフをしなくなってしまった保護者に対して、「自分は本当にすまないことをしている。家族が自分のために嫌な思いをしている。そんな自分は最低な人間だ」と考え、自責の念と後悔にさいなまれている若者に嫌というほど出会っているし、そのような状況で苦しんでいる子どものために、まるで修行僧であるかのように、趣味や行動を抑制してしまう保護者とも関わってきた。

互いが互いのことを想うがあまり過剰に自己抑制し、それが相手をよりシンドイ状況に追い込んでいることに〝気がつけない〟悪循環が存在する家庭。それを断ち切るには、どこかで一歩、行動に変化をもたらさなければならないが、若者側にそれを求め、行動できるのであれば、こんなにも支援をすることが楽なことはない。それができないから試行錯誤の毎日を続けているわけである。だからこそ、親側が率先して社会とつながりなおす、自分のやりたいことを遠慮なくしていくべきではないだろうか。社会とつながり、やりたいように自由に行動することこそ、親が子どもに一番望んでいることである。それを親自身がやらなければ、最初の一歩は苦しいし、緊張するし、怖いかもしれないけれども、とても楽しそうだから勇気を振り絞ってやってみよう、とは思えない。やはりここは親の行動から始めてほしいのだ。他者に勇気を与えられるのは、勇気を持って行動を起こしたり、何かを成し遂げたりした人間だけなのだ。社会から独立した立場を維持し、唯一、直接的に関われる親だからこそ、勇気を持って行動してほしい。

僕はここしばらくの間、保護者と直接対面して相談を受けていない。「育て上げ」ネットに通う若者とは一緒の時間を過ごすけれども、保護者と向き合うことから意識的に離れている。細かい理由を挙げればキリがないのだが、大きく三つの理由がある。一つ目の理由は、僕なんかよりも専門性が高く、経験も豊富な職員がいるため。次に、いつも事務所にいられなくなってしまったので、一度相談を受けた方からの問い合わせなどに素早く対応できず、逆に迷惑をかけてしまうため。最後は、保護者だけが相談に来られる場合（それが大半だが）、僕では安心感や信頼感を与えることが難しいためである。

僕はいま二十八歳で、昨年結婚をしたものの、子育ての経験はない。仮にいますぐに子どもを持ったとしても、その子どもが青年や若者と呼ばれる年齢に達するまでにはかなりの時間を要するだろう。過去に二度ほど、「子育ての苦労を経験したことのない方に相談をして親の気持ちがわかるのか」というような言葉を投げかけられたことがあり、それに対しては、（当然だけれども）相手方が納得されるような返答をすることができなかった。「わかります」と言う事はできないし、「わからないけれども、僕には経験やノウハウがありますから大丈夫です」と言ったところで、誰もがその回答に満足するわけではない。こればかりは、見た目も含めた年齢の部分が比較的大きく関係するのではないかと思う。もちろん、単純に子育てを経験していそうな年齢でないと保護者の相談を受けることはできないとは思わないし、むしろ、しっかりと話を受け止めたうえで、客観的な助言ができるのであれば済むことであるから、僕でも保護者の方々のお役に立てるのかもしれない。ただ、これら三つの理由により、いまは保護者と直接向き合うことはあまりしていないのである。

保護者支援の重要性はここでしつこいくらいに言及してきたつもりであるが、社会にうまくつながれない若者に限定せずに考えても、これからは十五歳から四十歳くらいまでの子どもを抱えている保護者で、悩みや不安の渦中で苦しんでいる保護者のための相談者というのが必要になってくるだろう。少子高齢化、核家族化が進行するなかで、子育て支援の重要性は否定する余地がない。しかしながら、義務教育終了以降の年齢の子どもを持つ親への支援体制はまだ構築されていない。ここをきっちり支援できる支援者の養成が急務だろう。

現場にずっとかかわり、いま率直に想うのは、三十代以降の女性がここの部分への支援に一番力を発揮するのではないかということだ。この考えのなかには性差や年齢による能力値は考慮されていない。現実的な問題として、相談者を切実に望みつつ、相談の場まで足を運ぶのは母親であることが圧倒的に多い。また、何らかの悩みや不安を抱えている状況下においては、第一印象での安心感は欠かすことができない。となると、必然的にファーストコンタクトは、子育てを〝経験していそうな〟年齢で、同性である女性が相談員であったほうが話をしやすいとか、気楽であったりするのではないかと思うのだ。安心感を覚える場所や雰囲気はとても主観的なものではあるけれども、これまでの保護者から受けた印象をそこに加味して考えると、女性であることや、子育て経験があること、子育て以外の経験蓄積があることなどが大きな、大きなアドバンテージとなると僕は思う。もし、いまはボランティア的な関わり方になってしまうかもしれないけれども、この分野で相談者として活躍したいということであれば、是非、一声かけてもらえればと思う。

認識差異

「育て上げ」ネットに通ってくる若者に対する認識差異というものを感じることがある。当然、個々人には個性があり、いまに至るバックグラウンドも異なる。家族構成も違えば、抱える不安要素も個別的だ。その個別的な部分をすべてひっくるめて、彼ら／彼女らは〝「育て上げ」ネットの若者〟という属性を持つ人間としてくくられてしまう。実際にその場にいて、一人ひとりと関わることがなければ、つまり、外部から僕らを大まかに捉えようとすると、どうしてもそうならざるを得ないのはいたし方のないことだろう。それにしても、立場や業界が違うと、同じ集団を捕らえる視点にも違いが出てくるというのは興味深い。

まずは、僕なりに「育て上げ」ネットに通ってくる若者をどう捉えているのかを示したほうがよいだろうか。同じ時間、同じ空間を共にしているからこそなのかもしれないが、僕は彼ら／彼女らを、他者／社会とつながることを過剰に意識しまっている若者と捉えている。そして、つながりというものを強く意識するが故に、つながれなくなってしまったり、つながることをひどく恐れてしまったりするのだ。では、彼ら／彼女らにとってのつながりとはいったいどのようなものだろうか。

若者は自らが若者であることを意識することなく、生活をしている。だから、若者とはどのようなものかについて、すぐにイメージを持つことは難しいだろう。三十四歳以下の者が本当に若者だろうか。インターネットが生活の必需品といえるまで使いこなしているのが若者だろうか。夏には海で遊び、冬は山でスノーボードするのが若者だろうか。電車内で音楽をキンシャカキンシャカ聴いているのが若者だろうか。路上でたばこを吸いながら歩くのが若者だろうか。頭髪色が銀や金であるのが若者だろうか。答えはＹＥＳでも、ＮＯでもない。そういう若者もいれば、そうでない若者もいる。逆に、大人だからそのようなことはしないということはない。つまり、そのようであっても、そのようでなくても、若者自身は若者であるからそのようにしているのではなく、それを理解し切れない世代や個人が「最近の若者は……」と、若者をひとくくりにしたがるのだ。

普段、僕らは他者や社会としっかりつながっているかどうかを〝わざわざ〟意識することはない。そもそも、何をもってつながりというかなど、これまで考えたことがあるひとのほうが少ないのではないかと思う。学校や職場で、わざわざ考えるようなことでもなく、また、考えたからといって何かが変わるわけでもないことを真剣に悩んでいたりするひととこれまで関わったことはないだろうか。なぜ日常で使用することがほとんどないのにも関わらず全員英語を勉強しなければならないのか。プロになれそうもないのに毎日部活動に励むのか。いまの自分の仕事は世界平和にどのような影響を与えているのか。生活のために働くことが働くことの意味であるのかなど、日常生活の中で意識的に考えることのない意味を真剣に考えれば考えるほど、ひとは前に踏み出すことが難しくなってしまう。これだという明確な答えがでないような疑問であればなおさらである。

だから、英語の授業に疑問を持つひとは英語の上達があまり早くないように思われる。部活動に意味を求めすぎるのは、部活を積極的にやっていないひとであり、働くことの意義を考え過ぎるひとは、なかなかうまく働き続けづらそうにしているといったようなことはないだろうか。それと同じようにつながりを持とう持とうと強く想い過ぎてしまうと、他者や社会とうまくつながれなくなってしまい、イメージと現実の乖離に悩むこととなる。

僕がかかわる若者が望むつながりとは、つまるところ「仲間」のような気がしてならない。僕が「彼ら／彼女らには仲間が必要なんです。仲間を作ることで学校に行けるようになったり、働けるようになったりします」と言ったところで、なかなか理解を得ることは難しい。その理由は、大多数の人間が、特に意識することなく中学や高校時代、部活やアルバイト、職場の仲間と自然につながりながら暮らしているからだ。一歩下がって、「仲間」について改めて考えてもらってもうまく消化できないだろう。それは普段からそれを強く意識することがないためであり、そうしないからこそ仲間が要るのかもしれない。

ここで、仲間を欲するような若者という物差しでイメージを膨らませていただかないでほしい。これまでかかわった若者の中には、友達が多いタイプもいれば、彼女／彼氏がいる場合だってあった。フリーターとして働いていて、職場の仲間とそれなりに付き合っているということだってある。それに幼少期には友人に囲まれ、元気で活発なタイプだったなどということのほうが多いくらいなのだ。確かに、「育て上げ」ネットに来る時点では、多少なりとも孤立気味な生活を送ってきた若者は少なくないのだが、だからといってネガティブな性格であるとか、暗い、話さないというようなことはない。全員そうではないとは言わないけれども、そこはやはり個別的であるのだ。

　つながりが仲間を示すとしたら、一体、どのような仲間を求めているのだろうか。保護者について言及したときと同様に、(最初のコンタクトの時点では)自分の過去やコンプレックス、家族のことなどを知る由もないひとたちであり、かつ、それを互いに掘り起こすようなことをしないであろう、同様の悩みを抱えている同世代といったところであろうか。つまり、地元に友人がいたり、かつての職場の仲間がいたとしても、現在の状況についての話をすることは難しい。なぜなら、これまでのつながりを保ってきた人々は、仮に自分と同様の悩みを抱えた経験があったとしても、まさにいま、自分と同じ状況にあるということはないからである。

　だから、「育て上げ」ネットに来ると、個人差はあるにせよ、いままでの生活環境、生活空間では体感できないものを得ることができるのである。類似の悩みや苦しみを共有できそうな人間がいて、研修プログラムという共同作業がある。共同作業があるということは、共通の話ネタを持つ状況が必然的に作られ、それをきっかけに仲間になっていく。仲間ができる頃には、「仲間」を作ることや、つながりを持たなければならないといったことを必要以上に意識することは、すでになくなっている。僕らが待つ、「育て上げ」ネットに通ってくる若者の認識とは、他者/社会とつながることを過剰に意識してしまっている若者であり、その部分を除けばそこらへんにいる若者だということだ。

僕は、この認識は至極真っ当だと思っている。なぜなら、いつも身近にいる若者をそのまま言葉にしただけだからだ。しかし、立場や見方が異なれば、同じ若者への認識も異なるらしい。ここでは「行政」「学校」「企業」の認識に焦点をあてて、その差異を考えてみたい。キーワードはそれこそ無限にあるだろうが、とりあえずこの三つがとても特徴的であることで選んだ。ただし、あくまでも僕が知る限りのことを包括しているので、必ずしも集団や個々人すべてが同じような認識に立ってはいないことを予め記しておく。

まず、僕が関わる若者について、広く行政がどのように認識しているかと言うと、〝日本の未来を支える人材〟と言うことができる。何かあるとすぐに槍玉に挙げられてしまう行政(公務員)であるが、若年者の自立の問題に関しては、真正面からぶつかっているように思う。社会全体が注目しているからとか、何もしないとマスメディアに叩かれるとか、目新しい分野だから予算を取ることができるとか、そういった目的でこの問題に取り組んでいる方に出会ったことはない。それぞれの方々が、学校へ行くことができない、働くことができない状況にある若者が増加することは、すなわち、日本にとってマイナスであるとし、どうしたら彼ら/彼女らが社会に参画し、自立していくことができるのかを、日々、試行錯誤されている。

もちろん、働き手となる若者が増えることで、支援にかかる税金の歳出が抑制され、同時に、歳入が増加することも大事なことである。以前、とあるセミナーで話をさせていただく機会があった。たいてい、最後に会場から質問などを受けるようにしているのであるが、そこで五十代後半くらいの男性からこんな質問を受けた。

「国がそのような若者を支援するのは、結局、納税者を増やすためでしょう。働くとはそのようなことでいいのだろうか。働くということにはもっと大事な意味がたくさんあるのではないか」というものだった。僕は、働くということの意味や価値観は個別的であり、それと行政が支援に乗り出すことは別問題であると伝えたのだが、あまり理解をしていただけなかったように思う。しかし、先進諸国の多くが抱える若者の自立の問題について、(僕が知る限りの)ほとんどの国では、財政問題を中心に「社会治安」「社会保障」「社会コスト」の観点から積極的に支援をしているのであって、案外、国民はそれに理解を示しているように思う。

よくよく考えると、国(行政)が働くことの意味や価値観を全面的に押し出して支援政策を推し進めるような社会は少し怖くないだろうか。「働くことはひとを幸せにすることだから、国家として若者を幸せにする」などという文脈で支援政策を打ち出しても、あまり理解されないのではないだろうか。やはり、ここは行政は行政としての認識があり、それに沿って若者を捉えていることに対して、僕らは理解を示す必要があるのではないだろうか。以下は、拙著からの引用である。

例えば、国がニート対策に乗り出す理由は、若い人が働いてくれないと困るからです。税金収入の減少は日本という国家運営に大きな影響を与えます。膨れ上がった社会保障費や医療費は〝未来の日本〟からの借入金でまかなってきました。しかし、それが行き詰まりを見せ始めています。少子化により、働き手（労働力人口）が減少しているなかで、これ以上、働けないわかものを生み出してはならないわけです。そして、働けない若者であっても「働く意志」を持っているのであれば、大きな人的資源として働けるようになってもらおうと、さまざまな取り組みを始めるに至っているのが現状です。（「ニート支援マニュアルＰ４」）

僕が尊敬している行政マンは多いが、いつでも僕らが育ち、生きている日本全体を視野に入れて仕事をされている方がいる。話をし始めると、枕詞に〝国のため〟、締めの言葉も〝国のため〟、三、四がなくて、五に〝国のため〟と言うのであるが、言葉としては冗談のようではあるが、有限実行を貫き、仕事のし過ぎで体を壊すような方たちなのだ。このような行政マンがたくさんいる日本の行政というのも、まんざらでもないと感じている。テレビのワイドショーなどでは面白おかしく書かれることも多いけれども、一生懸命職務に取り組まれていると実感している。

学校という場ではどのような認識で、社会とのつながりが薄い若者を捉えているのだろうか。日々、学生と接せられている先生方（大半が中学・高校の先生）にお話を伺うと、〝いまだ経験不足状態の若者〟との認識が強いように思う。つまり、彼ら／彼女らが他者や社会とうまくやっていけないのは、学生時代にさまざまな経験・体験を積むことができなかったのではないかという考えである。この〝経験不足〟という考え方は非常にまとを得ているのではないだろうか。先生としても、一クラスに三十人も四十人もいると、一人ひとりの生徒に十分なかかわりを持つことは物理的に難しい。成績優秀であったり、逆に、クラスで明らかに浮いていたりするのであれば、目に留まりやすいが、なかなか休み時間や食事の時間、放課後、休日、祝祭日に学生がどのような生活を送っているのかは見えない。特に、「それなりにクラスメートと〝うまく〟やっているように見える生徒には、なかなか時間をかけてかかわることができない」というのが先生の本音である。

学校の先生はいま、非常に厳しい状況にある。総合学習にキャリア教育、保護者対応に、学習指導、進路指導とやることが山積している。そこに対して、部活動の担当をしたりすれば夕方から夜までの勤務となるし、学生の犯罪や学生に対する犯罪などが頻発すると、その対応にも迫られる。休日がきっちり取れるように見えて、実はほとんどまともに取れていないのが現状である。その最中であっても、学びのために外部のセミナーや勉強会に顔を出すというのは至難の技なのだ。心身を壊されて療養されている先生は相当数いるという話もよく耳にする。

毎年、自分の教え子が卒業していく。学校から離れても、何かがあると先生を訪ねてくる生徒はそれほど多くないという。来訪する学生は、たいていが部活のＯＢ／ＯＧとして後輩の面倒を見に来たり、〝よい報告〟をしにきてくれたりするもので、新しい学校や職場環境に馴染めずに悩んでいるから先生に会いに来るようなことはあまりないらしい。だからなのか、先生方の中には社会とうまくかかわれない若者の現状を聞くと、やりきれなさを感じ、罪悪感すら抱くこともあるという。もしかしたら、自分がかかわった生徒の中にも、テレビや新聞で取りざたされているような状況に陥ってしまっている若者もいるかもしれない。これまでの教え子すべてに連絡を取って確認することはできないけれども、いま受け持っている学生がそうならないようにできることはないだろうかと、ただでさえ業務で終われる毎日の中、時間をやりくりして学習されている先生には頭が下がる。

僕はこれまで何度か中学生や高校生の前で話をする機会をいただいた。十代の若者数百人に対して、全員の興味を惹きつけるような話術のない僕は、どのような内容であれば中高生に喜んでもらえるのかと悩んでいる。しかも、たいていの場合は、「生徒を将来ニートにしないための話」を求められる。実際にかかわってきた若者で、社会とつながることを強く意識し過ぎてしまう若者の中学、高校時代は非常に個別的だ。全員が活発でもなければ、全員がいじめを受けていたわけでもない。日本最高峰の大学を卒業している場合もあれば、中学校に行くことができずに苦しんでいた場合もある。だから、こうしたら（大人が考えるような）立派な、自立的な人間に成長できるというような特効薬はないとすら考えている。本当に特効薬があったら飲んでみたいくらいだ。それでも、何かしら中高生の皆さんの将来に役立ち、かつ、それなりに興味を持ってもらえる話は何だろうかと探していた。

先日、都内の高校二年生約三百名の前で話す機会があった。僕はそこでお金、具体的にいうと、一月の生活費を学生に考えてもらい、実際にかかる一ヶ月の生活費と、学生が考えるそれとの間にどれくらいの金額の差があるのかを知ってもらえたらと思い、お話をさせていただいた。

もちろん、三百名すべての学生が真剣に取り組んでくれたわけではないし、途中で携帯電話などをいじくっていた学生もいる。それでも、彼ら／彼女らが想像しないような費用項目を一つひとつ挙げ、その費用を伝え、月数一二をかけて年間費用を出していくと、驚きや悲鳴にも似た叫びが、笑いとともに起こったのは嬉しくもあり、驚きでもあった。何せ、水道料金が二ヶ月に一度ということが衝撃的であり、国民年金、国民健康保険料、住民税などに関しては、「そんなのは聞いたこともない」とか、「何でそんなの払わなければならないのか」という文句たらたらだったのだ。

すべての生徒のアンケートを読ませていただいたが、つまらなかったとか、眠かったというコメントに猛省しつつも、「ちゃんと人生考えないといけない」「フリーターになるにしても知らなければならないことは知っておきたい」「一人暮らしまでの道のりは遠い。ちゃんと計画的にやらないと……」と、少なくともちょっとした知的欲求と気づきにはなったかなと思えるコメントがたくさんあった。

このような学生とのリアルなふれあいは、本当に貴重な経験をさせていただいたことに加え、「育て上げ」ネットとしての学校に対する今後の展望が開けた出来事であった。今後はいままで以上に学校と連携していくことになると思う。いまも熱心な先生から、「将来、生徒がきちんと自立していける人間に育つためには学校で何ができるのか」というメールをいただくが、その部分は安心して先生に任せていいのではないかと思っている。つまり、とても楽観的でいられるということだ。そこからさらに一歩進めて、多忙を極める先生方だけではカバーしきれない部分を補えるような、学校（先生）とより緊密な協力体制を充実させ、より多くの生徒が自立へのスタートをスムーズにきれるお手伝いをしていきたい。

経済的な自立を目標にするとき、高い壁となって立ちはだかるのが働く場所を獲得することである。元気になった。体力もついた。履歴書なども準備をした。なんとか電話をかけて面接のアポイントメントを取る、そして無難に面接を乗り切ることができた。あとは電話がなって、「明日からよろしくお願いします」と言われ、「こちらこそよろしくお願い致します。頑張ります」というだけなのに、呼び出しベルが鳴ることはない。そのような壁にぶち当たると、これまでじっくり積み重ねてきた自信や準備は一気に大気圏まで吹き飛んでしまう。最も大変なのは、どのようにして若者と仕事を出会わせることができるのかで、いつもこれが課題である。

しかし、（大都市だけかもしれないが）いまはどうも人手不足のようだ。求人広告を出しても若者が集まらない。仕事はいくらでもあるのに、面接をお願いしたいという電話はいっこうにかかってこない。時給もできる限り奮発した。でも、若者からのアクセスは皆無である。そのような企業が増えているような気がしてきたのは、ここ最近だ。最近になって、僕が関わる若者に対する企業の認識は〝人財になり得る人材〟に変わって来ている。少子化による働き手の減少による人手不足が大きく影響しているのは間違いないと思われる。おそらく、買い手市場であったなら、わざわざそこに力を入れる必要はないだろう。理由は何にせよ、この企業の認識の変化は僕らにとっても、僕らが支援する若者にとっても追い風であることは間違いない。あとは、どのようにして企業とタイアップできるのか。「育て上げ」ネットに通っている若者に安心感を持って、着目してもらえるのかが重要課題となってくるだろう。

事業を始めた当時は、「働かないで怠けている若者をいくら鍛えたって企業は受け入れないのではないか」と疑問を投げかけられたこともあれば、企業と協力体制が作れないかと足を使ってお願いに回ったこともあった。それでも、僕がかかわっている若者は、立派に働ける労働力として活躍できると見なされることはなかった。

以前は、企業の採用担当者と話をすると、「こっちはボランティアでやっているわけではないから」と断られることが多かった。働きもしない若者を置いておく余裕も気持ちもないことは一目瞭然だった。業務の一部に携わらせていただき、その仕事ぶりを見てもらえれば、ある企業ではNOかもしれないけれども、どこかの企業では戦力になれる人材だってきっといるはずだとこちらが思っていても、企業の壁は厚かった。

企業との連携という意味において転機がおとずれたのは、地元で開催された若者の自立支援を考えるフォーラムで報告をさせていただいたときであった。一通のメールが僕のもとに届いた。

立川市在住の坂本克己さんという方からのもので、最初の数行を読んだ時点では、子どもの自立について保護者からの相談なのかなと思ったのだが、東京の都心部にオフィスを構えて、中小企業やベンチャー企業をサポートしている株式会社ジェイックの部長さんであった。メールを返信する前にホームページで企業情報を閲覧してみる。特に僕らのような活動を（寄付でもしてくれて）社会貢献的に応援しようとしているわけでもなさそうだった。企業人研修や人材派遣事業を展開しつつ、企業をサポートされている会社の部長さんが、何の目的でコンタクトを取りたいと申し出てくれているのかまったく理解ができなかった。職員とは冗談で、「とうとう買収か？」と話をしていたものである。念のためフォローするが、ＮＰＯ法人を買収することはできない。仮にできたとしても、僕らのような団体を買収しても何のメリットもないけれど。

坂本さんが立川市在住ということなので、最初は僕の事務所にお越しいただくことにした。何かの勘違いをされていると困るので、僕らの活動場所を確認の意味を込めて見てもらうのが一番だろうと判断したからだ。お話をさせていただいている間、僕の心中は決して穏やかとは言えなかった。「きっと何かの間違いや誤解であって、会社からの緊急メールが突然入って、帰社しなければならないと言い出すのだろう」と考えていたくらいだ。

しかし、話の展開は僕が予想していたものとは一八〇度異なるものであった。「いち企業として何かタイアップできることはありませんか」と切り出されてしまったのだ。そして、戸惑う僕の口から出た言葉は、「僕のところには、〝ニートの定義〟に入ってしまう状況の若者が多く通ってきてはいるけれども、世間が持つイメージである、やる気がないとか、怠けているとか、親のすねをかじっていることに何も感じていない若者ではありません。もし、何かお仕事をいただけるのであれば、理解していただけると思うのですが」という、何とも厚かましいものであった。

これまで何度もこの主張をしては、ときにやんわり、ときにスッパリをお断りされてきた言葉である。真実を曲げてまで企業を頼る必要はないという意地と、「これ言っちゃうと、またダメなんだろうな」という諦めの気持ちの板挟みのなか、「そうですか。では、一度、弊社に来ませんか。いろいろな部署の担当者を集めておきますので、そこで話をしてみてください。何か共同してやれるかどうかは各担当者が判断するでしょう」とすぐに提案が返って来たので内心は驚いていたが、平然を装い、「そうですか。では、お伺いさせていただきます。よろしくお願い致します」と言って、その日は散会することとなった。

数日後、僕は坂本さんの勤める株式会社ジェイックに足を運んだ。団体の資料を片手に地下鉄の出口からビルへ向かう。僕は東京育ちなので立ち並ぶビルに目が回るということはないけれども、あふれるばかりのスーツを着用したひとたちに囲まれて、少々、息苦しい感じがした。でも、世の中の大半はこのようにして務めているわけだし、できれば僕が関わる若者にも、本人が希望するのであればこのような会社が立ち並ぶオフィス街で働けるようなチャンスを作ってあげたい。そのためには、何としても企業からの業務受注を取り付けることが先決であり、次にそれをきっちりこなしていきながら信頼を勝ち取っていくのが王道だろう。あまり企業の社会貢献やボランティアマインドに頼り過ぎず、ひとつの提携先としてみてもらえることこそが、僕らの団体に通う若者と、今後通って来るかもしれない若者に広く就業研修の機会——企業だけでもなく、地域だけでもなく——をたくさん提供できるようになるための登竜門なのだと思う。

意気込んでエレベーターに乗る。セミナールームと思しき部屋では、（おそらく）各企業の次世代を担う若者たちを集めた研修セミナーを開催している。一般企業では、このようにして人材を育成するのだと思った。何せ、僕はただの一度も企業で働いたことがないものだから、普段お目にかかることのできない、企業にとっては当たり前の光景が非常に新鮮であり、いろいろな気づきを与えてくれるのだ。

ミーティングルームには、各部署から四名の担当者の方々が忙しい合間を縫ってお話を聞いてくださった。業務の都合で遅れて来たり、途中で一時抜けていったりと、忙しそうではあるが、元気と活気に満ち溢れていた。このような企業の雰囲気の中で研修プログラムを組むことができたら、きっと大きな自信を得ることができるし、経験値も大幅に上昇するだろうことはすぐにわかった。特に僕がかかわる若者というのは、企業という存在を過大に捉えてしまう傾向がある。

企業で働くことは優れた能力の持ち主でなければならず、自分に自信があり、パワーポイントを使って、日本語はもちろん、英語でもプレゼンテーションができるようなひとだけが生き残っていける戦場、それが企業であるといった具合に。もちろん、そういうテレビドラマにありそうな企業もあるかもしれないが、すべてがそうだとは限らない。自分がここだと思えたら、傍から見れば戦場でも、第一線の戦士からすれば南国ビーチのハンモックで寝転がるくらい心地よいものかもしれない。ただ、そのような経験も、自信も喪失していたら、本当は心地いい世界も御伽噺の世界と同じ。少なくとも自分にはその世界に行ける権利も実力もないと、自分を低く、低く評価してしまう。

坂本さんの尽力があり、いまでは株式会社ジェイック内のいくつかの部署で、「育て上げ」ネットの研修プログラム利用者がお世話になっている。もちろん、お世話になっているけれども、与えられた業務はそれなりにこなせているのではないだろうか。誰にでも起こりうるようなミスはあるけれども、幸いにも取り返しの付かないようなトラブルは経験していない（と思う）。さらに、これらの業務依頼をきっかけに自信や経験を獲得した若者で、この会社とかかわっていきたいという若者数名は、「育て上げ」ネットを離れ、ジェイック内で仕事をしていたり、人材派遣事業を通じて元気に働いていていたりする。先日、既に自立への道を歩み始めたメンバーを中心に飲み会を開催したのだが、とある机に（偶然に）固まっているメンバーが〝ジェイック組〟となったため、ひとつのグループとしてからかわれているのには笑ってしまった。

僕がジェイックとのつながりを転機と位置づけているのは、ひとつの企業ときっちりお付き合いをさせていただいているNPOということで、その他の企業から声をかけてもらえるようになったからだ。実際にさまざまな企業と話をさせていただき、いまも素晴らしい関係を維持できているところもある。もちろん、理念や方向性などに開きがあり、うまくつながれなかったところもたくさんある。それでも、アクセスを試みていただいた企業の大半は、僕がかかわる若者を決してイメージだけで判断するようなことはない。あくまでも、彼ら／彼女らを〝人財になり得る人材〟として認識していただけているのと思う。

社会から一定期間離れてしまったために、経験が不足してしまったり、自信を無くしてしまったりしている若者の捉え方は、その業界、その立場、その考えなど、個々人によってさまざまではあるけれども、僕はそれらの認識差異について必ずしも悲観しているわけではない。確かに、イメージ先行の誹謗や中傷はある。実際に当人と話をすることなく、統計や分析だけの結果から判断をするような傾向が今後もある部分では残っていくかもしれない。それでも、僕が出会う多くのひとびとの認識というのはとても常識的で、かなり実情に近いものがあると確信している。今後、日本の経済状況や労働人口問題などによって、若者に対する認識には変化が起こってくるかもしれない。それでも、現場で支援をする一員としては、微力ながら、事実と実情について外に発信をしていかなければならないし、それができる人間の責任として重くその必要性を認識している。

育て上げ

時給千円のアルバイトでも、複数の職場をかけもちし、休みなく働けば、新卒社員の初任給を遥かに超える額の給料を稼ぐことができる。納税の概念は損得で捉える代物ではないけれども、昨今の報道などを見ると、国民年金は支払い分が戻ってこないとか、その分を投資にまわせば数十年後にはいくらになるとかいうことだけを強調しているように思えてしまう。どんなに納税の概念や義務、相互扶助制度で日本国のシステムが成り立っていると言われても、何となく損をしていると感じさせられてしまうのである。だったら、正社員である必要も〝いまは〟ないかなと、それよりも、楽しく、やりがいのある仕事に就くことが重要であり、雇用形態は二の次と考えるのも無理はない。

終身雇用制度が崩壊し、転職があたりまえの流動的な労働市場が形成された。誰でもやる気と能力次第でたくさんのお金を稼ぐことができる。そのようなアメリカンドリーム的な話の隙間からは、勤めている会社の退職金制度が消えてなくなったり、年俸制への移行に伴いボーナスがなくなったり、会社に出社してみたら違う会社になっていたりと、いまの努力や忍耐が将来の安心や安定、目標の実現に必ずしも結びつかない状況が着々とできあがってきている。国が背負った莫大な借金がとんでもない額にまで膨れ上がり、消費税の税率アップは避けられない。働けない状況で苦しんでいる若者には、扶養控除が適用されないといった議論まで出る始末。かたや、僕らの親世代の出来事として聞こえてくるのは、退職後に採用された会社へロクに足を運ぶこともなく、数年したら莫大な退職金と共に次の会社へと移っていく。二十代の若者が残業し、休日出勤してやっともらえる額と同じような額の年金を受給できるにもかかわらず、少々の支給額減少に対しては怒りを露わにする。一生懸命働いてきたのも、税金をしっかりと納めてきたのもわかるけれど、当時は生まれてもいなかった世代がとんでもない負担を強いられていることに関しては無頓着甚だしい。若いときの苦労は買ってでもしろというけれども、それを買うお金もないくらいの負担が若い世代にはあるのだ。

もちろん、いつの時代にもさまざまな出来事や、一般庶民には知られることのないシステムなどが存在し、気が付くとこれまでのルールが変更されていて、知らず知らずのうちに負担が増えていることはあったのだろう。そのような怒りが蓄積され、デモやストの形で社会を揺るがす時代はあった。ソビエトの崩壊や東西ドイツの崩壊のように、ひとつの〝シュギ〟からの脱却を〝ユメ見て〟、若い学生が行動を起こした時代もあった。行動すれば何かが変わるという、その可能性に希望を見ることができた〝幸せな〟時代であったのかもしれないし、それはその時代に生きるひとびとの属性や、一種のファッションだっただけなのかもしれない。それでも、何かしらの可能性を感じられたことは、僕からすればとてもうらやましいことなのだ。といっても、大多数のエネルギーがひとつの塊となってうねりを作るころがうらやましいのではなく、変化や改革に希望を持てたことがうらやましいのだ。

詳しいことは知らないが、ほとんどの国では、国家の最重要課題に対して方向性を示したり、決断したりするのは六十代、七十代のエライひとびとだろう。言うまでもないが、知恵や経験を蓄積しているひとびとだ。歴史を知っているということは、何かを決断するに当たり、そのリスクを最大限に小さくする上ではとても有効である。同じ過ちを繰り返さないように努力するのは、人間が持っている大きな財産なのだから、それを活用しない手はないだろう。新しい時代には、新しい考え方や発想が必要だと力説するひともいるが、物事の根本を突き詰めて見ていくと、意外に同じようなものがそこにあったりするものだ。「古きを訊ねて、新しきを知る」という言葉があるように、物事の心理はいつの時代も似たり寄ったりだ。

自分で言うのも何だけれども、僕は比較的物分りがよいというか、〝まあ、そんなもんだろう〟と、起こってしまった出来事や、昔からずっと存在しているルールや慣習に対して何らかの行動をとると言うよりは、それはそれで仕方がないので、そこからどうしようかと考えることが多いような気がする。例えば、電車が遅れたり、飛行機が運休になったりすると、必ずと言っていいほど、近くの職員さんをつかまえて罵詈雑言を浴びせかけているひとがいる。僕なんかからすると、次の約束に間に合わないのはとても困るけれども、目の前にいる職員さんに「何とかしろ」とか、「どうしてくれるんだ」とすごんだところで、現状に変化が起こる確率は万に一つもないのだから、頭に血を昇らせても怒鳴っても意味がないのではないかと、冷めた目でそのようなひとを見つつ、哀れんでしまのだ。そんなところで無駄にエネルギーを消費するくらいなら、その状況でできることを考えたり、最善の策を探したりするほうがよっぽど効率的だろう。

そんな僕ですら、これは〝まあ、しょうがないかな〟と思えないことがある。たぶん、いまの仕事をしていなければ気づきもしなかったことかもしれないが、借金にせよ、制度にせよ、ここしばらく日本社会で広く認知され、かつ、実感されてこなかったものの負担が、若者に背負わされているということだ。これ以上、たばこの値段があがるのはとても困るのだ。それだけでなく、ちょっと見ない間に溜まった負債や負担が、これからの日本の担う若者の足枷となっている。そして、足枷により動きが鈍くならざるを得ない若者に対して、個々人の顔が見えない〝社会〟はバッシングをする。「イマドキの若者は全然なってない。俺たちが若い頃は……」という会話は、人とヒトとひとでギュウギュウの満員電車の片隅から、居酒屋の座敷部屋までいたるところでなされている。

そんな若者の足枷となっている負債や負担とは、数百兆円とも言われる借金であり、増加の一途を辿るであろう消費税率であり、医療保険の削減であり、扶養控除改革であるような、目に見えて、実感できるようなものばかりではない。もっと漠然と、もっと抽象的ではあるけれども、確実に若者をダメにしているものは、目を凝らして見据えても絶望しか見えない、自らの将来／未来である。

先日、フランスでは法律の改正をめぐって若者が暴動を起こした。彼ら／彼女らの本当の想いはわからないけれども、僕にはその暴動の先に希望や明るい未来を見据えた上での行動には見えなかった。むしろ、これまでも少しずつ、誰にも気づかれないよう、若者に強いてきた負担に対して、現在から未来までの絶望が一気に噴出し、その絶望を抱え込むことができなくなった若者が、破損や破壊という行為に及んだのではないだろうか。自暴自棄とまで言っていいのかはわからないけれども、自分には絶望しかなく、どうせ楽しみや喜びが見出せないのであれば、後先考えることを止め、〝祭り〟を行った。それは、〝政〟に抗議するための〝祭り〟だったのではないだろうか。とにかく、抑圧され続け、負担を強いられ続けてきたなかで圧縮された何かが一気に外側へはじけた。それがフランスの若者の行動だったのではないだろうか。

フランスの若者のエネルギーが外へ向ったのと比較すると、日本の若者のエネルギーは内へ向ったものとして僕には映る。気力がないとか、怠けている、覇気がないといった、エネルギー枯渇を連想させるような発言をされるひともいるが全員ではないだろう。社会の急激な変革と、知らないうちに背負わされた負債や負担に対する怒りにも似た感情は、フランスとは異なる形で社会に噴出した可能性もある。それは絶望で溢れる自らの将来を、他者に対する怒りで清算するのではなく、自らの不甲斐なさを理由にすることで、その絶望を無にする形なのである。本当は希望を持って社会に飛び出して行きたいのだけれども、努力や根性では乗り越えらないものが目の前ある。その怒りを形にすると誰かが傷つくことを自覚することなく知る僕らの世代は、闘争と反抗を初めから武器とせず、自分自身を卑下することで無言のシュプレヒコールを唱えているのだ。そうすることで社会的な被害を最小限に抑えることができる。それはとても自己犠牲的ですらあるのかもしれない。

そのような絶望を抱えた状態で社会とのつながりを断ち切らざるを得なかった若者は至る所に存在する。教育の場に希望を見出せない若者は「不登校」と呼ばれ、社会との接点をうまく持つことができない若者は「ニート」と定義され、接点どころか、社会とのつながりを完全に失わざるを得なくなってしまった若者は「ひきこもり」と称されるところとなった。本来であれば、社会という場が育てるべき、次の社会を担う人材が育てられることなく放置される。奇異な目で見られる。色眼鏡で見られる。差別される。もしかしたら、希望はそこらへんにあるのかもしれない。少し顔を上げるだけで、世界は異なる風景を若者に見せるのかもしれない。しかし、そのような些細なきっかけを与える場があまりない。

そのような若者は団結することが難しい。同じ価値観を持つ仲間を見つけようにも、社会という場に出れば、はじかれるからだ。偶然にも最初に出会った他者が、同じ価値観を有していたり、支援者であったり、安心できる存在であったりすればラッキーであるが、その確率はさほど高くないだろう。一歩踏み出してみたものの、社会に受け入れられずに、いままでよりもさらに傷ついてきた若者は後を絶たない。元同級生による〝いまは何やっているの?〟、近所の方の〝平日の昼間からどうしたの？〟、先生からの〝そんなことより、やるべきことはやっているのか？〟、カウンセラーの〝今日は何のために来られたのですか？〟など、何気ない日常の問いかけにより、若者の一歩は打ちひしがれてしまうのだ。また、それが怖くて一歩が踏み出せなくなるのだ。

外に出れば、はじかれる。団結することもできない。だから、内にこもっていくしか生き残りの道はない。それが家庭の内であり、自分自身の内部なのだ。周囲から見れば、〝怠け〟や〝逃げ〟に映るかもしれない。しかし、事実はそうではない。本当の理由は〝自己防衛〟なのである。

そんな、自分たちが生まれるよりもずっと以前から蓄積され続けたものが、現在の若者にも悲惨な形で引き継がれている。それに対して、怒りを噴出させることなく、他者を傷つけぬよう自己処理してしまう若者はとても真面目で、正義感が強い、そして優しい。そこまでしなくてもよいのだけれども、一度決めたらトコトンそれを追求してしまう頑固な一面も持ち合わせている。そのような若者は学習能力が高く、過去から現在に至るまで続けられた〝先送り〟という過ちを繰り返さない。無責任な負の連鎖を自らの世代で終わらせようとしている。闘争と反抗では何も変わらないと知ってしまった若者は、孤立と沈黙で現状を打破しようと試みる。いや、それしか方法がないために、否応なく孤立し、否応なく沈黙をする。それが不登校やニート、ひきこもりという〝現象〟として現れているのではないだろうか。

しかしながら、そんな若者も心のどこかで気が付くことがある。気が付くというより、気が付かないようにしていたものを直視しなければならなくなるときが来る。それは年齢であり、孤立と沈黙では何も変わらないという現実だ。孤軍奮闘しても勝ち目はない。無言のシュプレヒコールは誰の耳にも届かない。遅かれ早かれ若者はそれを受け止めざるを得ない。このままでは何も変わらないし、変えることができない。だから、これまで心の奥底に鍵をかけて閉まっておいた、社会に参画したい、学校で学びたい、働きたいという想いを解き放つ。すると、一歩を踏み出す勇気が涌いてくる。

社会の役目は、彼ら／彼女らが持っていたエネルギーをスパークさせ、それがよい方向に向うように導くことだ。それだけで、若者は社会に飛び出す。そのアウトリーチ、環境整備、機会提供が、さまざまに検討され、実行に移されている。

しかし、残念なことにそれらはあまりうまくいっているようには見えないのが現実だ。だから、僕は「育て上げ」ネットを立ち上げたし、いまも毎日、仲間と試行錯誤を繰り返している。たくさん失敗して、少しは成功もしている。嬉しいことに、いろいろな方々から相談されたり、講演を依頼されたり、執筆の機会をいただいている。しかし、「育て上げ」ネットという支援団体を含む、個人の力には限界があることも実感している。やはり、もっと広いエリアを包括的にカバーしていくためには、国家レベルでの動きが活発化、成熟化していくことが必要だろう。

いまさらここで、縦割り行政の弊害や、バラマキ型支援方策へのダメ出しをするつもりはない。税金の使われ方にしても、それは構造的な問題であって、若者問題に特化して話をすることは難しい。家庭や学校、地域でできること、できないことは、僕もさまざまなところで書いたり、話をしたりしてきたし、さまざまなひとが実感と持論を公表している。答えはひとつではないし、地域や予算が異なれば、できることも異なるため、一つひとつ精査して論じるつもりもない。でも一個人、一法人、一地域という枠を超え、もっと広く国家レベルで取り組んでいかなければならないことはあるのではないかと思う。

未来の日本を支える若者の成長を支え、育て上げていくためには、現在の日本を支えているひとびと——自称・他称問わず、大人や納税者と呼ばれているひと——の理解が必要である。残念ながら、いまのところは、時間的（手間暇）、金銭的（国費投入）負担感が、社会に対する不満の捌け口として若者に向けられている状況である。増税とニート、社会保険とフリーター、医療問題とひきこもりなど、大きな国民の不満となりそうな問題に対しては、その原因が若者であるかのように、お得なセットメニューで語られることには、非常に不満を感じる。「何百万人の若者が正規雇用についていない現状は、これからの国家運営に大きな影響を与えるのだから支援をする」と鼻息荒く説明をしても、大人は「なんで、働きもしない若者に税金を」と怒りをあらわにし、若者側にしても「別に国のために働いているわけでもないし、口を開けば正規雇用にはウンザリだ」と、感謝の気持ちを抱けなくなってしまう。

僕は、講演の対象が若者問題に深く関わっているわけではない方である場合や、同じように若者問題とは直接関係のない読者層に対するインタビューなどでは、可能な限り、若者支援の必要性をコストの面からPRするようにしている。いまのうちに若者をしっかり育て上げておくと、〝将来お得ですよ〟という話をする。いまの仕事を始めるにあたり、英国やドイツの支援機関を見て回ったのだが、そこでの話はとても興味深かった。若者対策に莫大な国家予算が投入されていることに対して、かなりのひとびとが理解を示していた。

もう名前も覚えていないが、英国のハローワーク的な就職支援機関で事務をしていたおじさんはこんな話をしていた。

　確かに、とても大きな国費が若者の自立に投入されていて、高い税金を払う身としては思うところも少なくないさ。でも、この施設ではホームレスや生活保護のひとにも対応しているのだけれど、彼ら／彼女らの社会復帰はとても難しいんだ。最初は働こうと努力をするのだけれども、なかなか仕事が見つからない。苦しいのだけれども、生活費はある程度保障されているから、だんだん、社会復帰へのモチベーションが下がり、ただ生活をするために生きるようになってしまう。そのようなところに使われる税金の額はかなりのものだ。特に、年齢が高くなればなるほど、社会復帰への可能性は下がる。だったら、いまのうちに税金を使って、若い人に自立していくためのチャンスやサポートを与えたほうが、間違いなく、将来的に得なんだよ。

このおじさんが特別なのか、英国人の気質なのかはわからないが、国家レベルにせよ、個人レベルにせよ、これほど合理的に若者支援の必要性を、言い当てている意見にはショックを受けた。いま、支援をすることで将来の負担を軽減できる。若者支援への理解が、さまざまな形で働けなくなってしまうリスクを抱えている若者への愛情や想いよりも前に、まず、コスト感覚から始まっている。その上で、若者自身と直接的に関わる支援者たちは、愛情や想いを抱いて諸問題に取り組む構図になっている。

もうひとつ大切なのは、若者自身に対しては、やれ将来の税負担だ、やれ働かないと国家運営ができなくなる、といった言葉は無意味に届けられない。なぜなら、若者支援に対する国費投入は国家全体でコンセンサスを形成されていて、その国費が支援者のところへ届く。支援者は、目の前の若者に対してどのように対処していくべきかを考えるだけでよく、教育にせよ、労働にせよ、若者が〝大きなお世話〟感や〝申し訳ない〟感を持つ必要のないよう、彼ら／彼女らが支援の場に出て来易い環境を整えることに集中することができるのである。

僕は政治や行政に関わる方々に、社会全体に対する若者支援のPRに工夫をしてほしいと思っている。猫も杓子も同じような仕方で、ひとつのキャッチフレーズ、ひとつのキャッチコピーでアナウンスをする。国全体のコンセンサスを得ることが難しいからだ。

僕個人で考えてみても、サラリーマンではないので、サラリーマンの医療費負担が増えると聞いてもあまりピンと来ないし、子育ての経験がないので、出産一時金とか、児童手当とかの話題も別世界。自分にあまり関わりのない話題に対して、当事者に向けたメッセージと同じものが届いても、興味関心の前に、理解できないことも多い。若者支援についても同じであるが、いくつかの世代別にアナウンスをしてほしいとはいわないまでも、支援を必要としている、求めている若者やその家族と、それ以外のひとびとを一旦わけ、それぞれに向けたメッセージを発信することが必要だろう。厚生労働省事業「若者の人間力を高めるための国民運動」のキャッチコピーは「きみのチカラ、みらいのチカラ」であり、おそらく、〝きみ〟とは、若者層を指している。これを見ると、若者には前を向いて、自信を持って歩を進めてほしいというような意味が感じられる。

一方、若者を支援することにまったく関係のないひとからこのキャッチコピーと見たらどうだろうか。おそらく、「なんで税金を使ってこんなことをしているんだ。そんなことより、もっとやることはたくさんあるだろう。例えば……」となるだろう。「例えば……」の後に続くのは、そのひとが関係している何かである。その何かに関しては、そのひとは当事者であり、何より先に取り組んでほしい最重要課題なのだ。このように考えてみても、当事者側に沿った考え方を打ち出すだけでは、関係ない人間は納得しない。逆に、広く国民全体に向けた説明だけでは、当事者やその関係者には届かないのだ。

だから、国民全体の理解ということとなると、一個人や一法人レベルで何とかなる問題ではないため、国や自治体全体をカバーする政治や行政に携わる方々に、是非、お願いしたい。確かに、費用対効果の側面から見れば、数値化できないこの部分に力をそそぐことは難しいかもしれない。けれども、軽視できない重要な課題であることに間違いはないと僕は確信している。

次に、若者支援における「目線」がある。目線とは何かと言うと、当事者性と置き換えられる。僕がこの仕事に就いてから、かなり多くの委員会や勉強会などに出席させていただいた。地元立川市内の市民活動に関する委員会や、歩いて五分のところにある、小学校の学校評議員などから、各都道府県や中央官庁で設置された政策策定の委員会もある。僕は若者支援に関すること以外に、これといった専門性も知識もあるわけではないので、その他の委員会のことはわからない。もしかすると、「目線」という部分に関しては、若者支援の分野だけに限ったことかもしれないことを、先に触れておく。

ありがたいことに、また、残念なことに、地方自治体から中央官庁レベルまで、若者支援における政策立案の場において、僕は同じような年齢の人と出会ったことがほとんどない。若者の年齢定義は十五歳から三十四歳とされることが多く、現在、二十八歳である僕はまさにど真ん中。十代半ばと三十代前半の気持ちを百％汲むことは難しいけれども、それでも委員会を構成するメンバーからすると、かなり近い年齢にいる。しかし、どこに出席をしても、同世代に会うことがほとんどなかった。会議の話し合いには、「若者は……」とか、「いまの青少年における……」と言ったように、若者に関する委員会なのだから、当然、このようなフレーズをよく耳にするのだが、妙な違和感もある。識者や研究者はその立場から、経済界のひとはその立場から、支援者は支援対象である若者をよく知る立場から、それぞれ論じ合う。それ自体には何の不平も不満もない。むしろ、最新の知識や情報をその場で得ることのできる僕はとてもラッキーだと感謝するくらいだ。

僕自身も支援者の立場から発言をするし、それを求められているからこそそこに呼ばれているのだと思っていた。しかし、実際はそれだけではなく、支援対象世代の若者としての意見などを求められることもある。実際には統計や日々の関わりからだけでは得ることが難しい、というより、その時代にその年齢でなければ持つことができない価値観や想いであれば、得ることは不可能なことに対して、若者としての立場からの意見や発言を求められる。これがシンドイのだ。シンドイどころか、苦しさすら感じるのである。なぜかと言えば、僕自身が日本や日本以外の国で生活する十五歳から三十四歳までの若者すべてを包括した形で軽々しく発言できるほど、若者はモノトーンではないからだ。

東京で生まれて、東京で育って、あまり社会と接点を持たない若者や、働くことを一生懸命に、真面目に考えてしまって立ち止まった若者と関わったものとしては、〝それなり〟の話はできるかもしれないが、そのなかには、九州で生まれ、東北で育ち、現在、中部で働いている若者の気持ちは全くと言っていいほどに触れられていない可能性がある。実際に、ネットで情報公開されている委員会の発言に対して、同じ世代と思われる方からメールをいただいたこともある。簡単にメールの内容を記すと、「あなたの話していることは、私の考えと全然違う。なのに、それが日本全体の若者の考えであるかのように話をしないでほしい」というものである。とても真っ当な内容であると思いつつ、では、一体どうしたらいいのかと聞きたくなる。十人十色である若者すべてをどこかに集めて議論、討論するのは不可能だろう。そして、僕自身も無力感を感じているというのに。

若者支援の現場には、今日も多くの若者が携わっている。団体や法人の理念に賛同し、目の前の若者個人が幸せな人生を送れるよう、いまできる最善策を考える。そこには、自分の人生を一旦横に置いておきながら、他者の人生を真剣に考える支援者としての一面があり、また、同じ時代に、同じようなことをして、いわゆる、同世代として過ごして来た目線がある。

支援者であろうが、なかろうが、二十代、三十代というのは間違いなく経験が不足しており、その視野はお世辞にも広いとは言えないかもしれない。もしかしたら、識者の議論に口を挟む余地どころか、内容の理解すら難しいことも多々あるだろう（現に、僕にはよくわからない内容が話し合われていることは多い）。それを考慮に入れても、知識や経験以上に同世代を生き、同世代しか持ち得ない価値観や思考を有する同世代の目線には意味がある。それは、ある時代の空気であったり、ある世代の雰囲気であったりする。数字や言葉で表すのは難しいものであるが、同じ出身地、同じ出身校、同じ趣味の人間同士が、会ったこともないのに、ずっと以前から互いを知っていたような、あの感覚に近い。その、他者にはいかんともし難い感覚、同世代の目線をもっと政策立案に活かすべきだろう。

全国には若くても、若者支援の経験を積んだ若者がたくさんいる。僕が知っているのはその中の一部でしかないけれども、今年の三月には、以下の団体から、第一線で支援活動をする若手スタッフが集まり、僕の地元である立川市で研修会を行ったのだ。各団体の代表者も快く彼ら／彼女らを送り出してくれた。そして、三十名近い支援者が一泊二日という短い時間ながら、各自が蓄積したノウハウや、各地の情報、支援者としての想いや、個人の考えを共有した。それはとても言葉にはできない感動があり、共感が共鳴し、今後もゆるやかな関係としてつながっていけばいいと願っている。

政策立案から話がだいぶずれてしまったが、僕は若者支援について論じたり、策を考えたりする場（委員会や、意見交換会など）に、このような同じ目線を有する若者をもっと入れ込んでいくべきだと思う。全体の三分の一くらいまで数が膨らむと、きっともっと別の形の政策が生まれてくるのではないだろうか。コラボレーションという言葉が流行しているが、識者、学者、経済界、産業界、教育界の連携に、若者を良く知る若者が参画したら、ものすごい化学反応を起こすと思う。

このような話は誤解を生みやすく、若者のことは若者がやれば事足りるといった発言に取られやすいのであるが、僕は十分、それで失敗をしているため、若者だけで何かを成し遂げることはとても難しいことだとわかっているつもりだ。だが、あえてこの部分を強調しなければならないのは、その「目線」の先にはきっと現場でしか得られない、同世代しか得られない新鮮さがあるからだ。社会が閉塞状況に陥ると、若きヒーローが現れ、一時的にせよ閉塞感を打破するように、この新鮮さを一度、若者支援に取り入れてみてはいかがだろうか。

僕が若者支援を生業にしようと決意した頃、日本は中高年問題でいっぱいだった。ニュースでは、会社から肩を叩かれ、働き口を失ったひとびとの特集を繰り返していた。アウトプレースメントという言葉が耳慣れたものとなり、ハローワークの映像は僕よりもずっと年配のひとびとで溢れているカットばかりだった。「あなたは何ができますか?」という採用担当者の質問に、「私は部長ができます」「私は課長ができます」と答える求職者の話が、喫煙所のネタにすらなっていた。右も左も中高年。何気ないむだ話から国会審議までが中高年リストラ（再就職）問題でいっぱいだった。結果として、国民の関心はそこに向き（向けられ）、社会全体が何かしなければならない雰囲気となった。

同じような状況の真っ只中にあるのが若者支援である。さも新しい存在として「ニート」という言葉が独り歩きをし、その代表を自認する政治家が現れ、家庭も、学校も、地域も若者に関心を持つようになった。ニートにしろ、フリーターにしろ、その他の呼称がつけられた若者群像にしろ、いままでは日本国全体から見れば取るに足らない些細な存在であった層が、いまとなっては〝若者のすべて〟であるかのようである。

僕はこれを大きな前進となる第一歩だと評価している。欧米の取り組みを見ても、少年から青年期の若者が学校を卒業し、スムーズに職業社会に移行できなくなったのは、若者のやる気でも、怠けでもなく、若者個人を取り巻く諸問題が原因であるのだから、さまざまな形で包括的に支援をしていくのは当然であるという認識がある。付け加えると、個々人が抱える問題は一様ではないため、包括的でありながらも、非常に個別的な支援が成されるべきだという前提に立っているのは言うまでもない。

包括性と個別性については、日本の取り組みのペースは遅くないと僕は思っている。経済や景気の問題もあって、特に最近は若者がクローズアップされてきたが、そのなかでも多くの施策が実行まで移されているスピードを見ると、ペースは遅くないのである。そして、若者、若者と言ってもやはりひとりの個性を持った人間であり、教室に集めて、授業をして、〝はい、立派な人間のできあがり〟とは行かないのである。マス型の支援では立ち行かないことも認識され、個別的な支援への理解度は高い。また、従来のように支援窓口に支援者が並んでいて、「さあ、いらっしゃい」だけではなく、若者を〝来ない存在〟ではなく、〝来られない存在〟と位置づけ、支援者側から出向いていくような積極的支援も成され始めている。たった数年の間によくここまで社会全体が動き始めたことに、僕は驚き、また、感心している。すごいなと。

しかしである。若者問題が注目を集めているここ数年、中高年のリストラ（再就職）問題はまったくと言っていいほど語られなくなった。一部の専門家や識者では議論になっていても、普通に生活をしているひとびとの会話の中にはほとんど登場しない。いまも働くことができずにいたり、働くことすら諦めてしまったりしているひとびとがいることは忘れ去られ、ややもすると、「あれだけ支援が成されたりしたときに行き先が見つけられないのは本人の資質や能力に問題があったのではないか」「やる気がなかっただけなのだから、いまさら助けてやる必要はない」とバッサリ切り捨てられてしまう。

僕は若者支援に関しても同じことが起こるのを恐れている。少子高齢化の進展や団塊世代の大量引退が世間の耳目を集めるようになるだろう。すると、あれだけ社会は手を差し伸べ、景気の回復による求人件数の増加（ほとんどは都市部だけだが）にも引っかからなかった若者を、やる気や根性の欠落という主観によって一刀両断し、将来に渡る日本社会のお荷物として非難、批判し続けるようになってしまうのは避けたい。何とか社会が若者の社会参加や自立への問題意識を持ち続け、各種若者支援の政策を継続していくためにはどうたらいいのか。僕個人として何ができるのか。「育て上げ」ネットというＮＰＯが果たすべき役割とは何か。それをいつも考えている。現在のところ具体的な方策は見つかっていない。もしかしたら見つからないのかもしれない。それでも、それを模索することを止めてはならないことを僕はなんとなく感じている。情報を発信し続けていれば、必ず誰かがキャッチしてくれる。行動し続けていれば、誰かがそれを見つけてくれる。とにかく、前に進むしかない。進んだ先になにがあっても、まあ、それはそれで何とかなるのではないかと思うのだ。

おわりに

いろいろな雑誌や書籍を読んでいるとカタカナ表記が目立つような気がする。「会社」を「カイシャ」、「仕事」を「シゴト」、「日本」を「ニホン」と〝あえて〟している。僕が原稿を書くときは、大半が若者の自立に関することなのだが、これまでに書いてきた原稿（たいした量ではないが）を眺めてみると、あるときから「若者」を「ワカモノ」と表記することが多くなっている。

僕はあまりカタカナを好まない。いま運営している団体（NPO法人「育て上げ」ネット）の名称を考えるときも漢字とひらがなでの構成にこだわった。どうしても、「ネット」の部分によい言葉が見つからなかったのは残念だけれど、どうもカタカナは体に馴染まない体質のようだ。

もちろん、ひとと話をするときにはカタカナ語だろうが、英語だろうが、伝えやすい言葉を選ぶが、文章となると別らしい。なぜかと言えば、カタカナで表記されてしまうと、いまいちピンとこないのだ。その言葉の解釈が漠然としてしまい、〝よくわからないもの〟として体が消化しようとする。

いつのまにか「ワカモノ」を多用していたのも、きっと何がワカモノで、何がワカモノでないのかがわからなくなってしまったことが理由だろう。十五歳から三十五歳まで、とか、概ね三十歳までというのが、僕の分野では若者を表す指標になることが多い。ただ、実際に〝若者支援〟を生業にしていると、四十代以上の「ワカモノ」についての相談も少なくない。本文中にもあるが、五十代、六十代の保護者の相談を受けるのは日常茶飯事だ。また、年齢に加え、それぞれの若者の〝気質〟だって千差万別。働く目的、将来の目標、趣味、趣向、価値観もまったくバラバラで、ひとつの言葉で括るのは不可能だ。

そんなことを現場で体感し、積み重なった経験が「若者」を「ワカモノ」と表記せざるを得なくさせたのだと思う。

「いまの若者は……」

「工藤さんのところに通っている若者は……」

「正規雇用に就かない若者は……」

ついつい、「いま使われた若者という言葉は、どのような若者を想定されているのですか?」と聞き返してしまう。本文では、(たぶん)ワカモノである僕と、僕が関わるワカモノを通じて、身近なワカモノについて書いている。その中には、決して若くないひともいれば、若いひともいる。でも、それはすべて「ワカモノ」のことだと思ってほしい。つまり、それぞれが個性を持ったひとりの人間でありながらも、「若者」で括られている可能性のある「ワカモノ」ということだ。もし、最後まで読んでいただけたとして、「若者の自立を!と叫ばれているけど、結局、若者の自立ってよくわからない」と思いつつ、「ワカモノノジリツ」って何だと思ってもらえればとても嬉しいことだ。

育て上げ——ワカモノの自立を支援する

２００６年11月15日　初版第１刷発行
著者　工藤　啓
発行者　井田洋二
発行所　株式会社駿河台出版社
東京都千代田区神田駿河台３丁目七番地　〒１０１－００６２
電話　０３－３２９１－１６７６（代）
ＦＡＸ　０３－３２９１－１６７５
振替東京　００１９０－３－５６６６９
http://www.e-surugadai.com
製版所　株式会社フォレスト
印刷所　三友印刷株式会社

ISBN4-411-00373-2 C0011 ￥1700E